古典名著白文本

韩非子

[战国]韩非 著

张觉 点校

CNS 岳麓書社·长沙

图书在版编目(CIP)数据

韩非子/(战国)韩非著.—长沙:岳麓书社,2015.2(2022.10 重印)
ISBN 978-7-5538-0326-5

Ⅰ.①韩… Ⅱ.①韩… Ⅲ.①法家 Ⅳ.①B226.51

中国版本图书馆 CIP 数据核字(2014)第 306992 号

HANFEIZI

韩非子

著　　者 [战国]韩　非
责任编辑 彭卫才
责任校对 舒　舍
封面设计 刘　峰

岳麓书社出版发行
地址:湖南省长沙市爱民路 47 号
直销电话:0731-88804152　0731-88885616
邮编:410006

版次:2015 年 2 月第 1 版
印次:2022 年 10 月第 3 次印刷
开本:890mm×1240mm　1/32
印张:6.5
字数:163 千字
印数:10 001—13 000
ISBN 978-7-5538-0326-5
定价:29.80 元

承印:廊坊市博林印务有限公司

出版说明

《韩非子》是战国末期韩国法家集大成者韩非(约前275—前233)的著作,重点宣扬了韩非法、术、势相结合的法治理论,达到了先秦法家理论的最高峰,为以后的封建专制制度提供了理论根据。这部书现存五十五篇,约十余万言,大部分为韩非自己的作品。韩非是战国末期带有唯物主义色彩的哲学家,法家思想的集大成者,他目睹战国后期的韩国积贫积弱,多次上书韩王,希望改变当时治国不务法制、养非所用、用非所养的情况,但其主张始终得不到采纳。

20世纪80年代以来,我社以打造经典为己任,力倡“花最少的钱买最好的书”。此次出版的《韩非子》是以《韩非子集解》光绪二十二年初刻本为底本,由张觉校点整理,并参照其他诸本,力求“原汁原味”地满足广大读者的需要。

目　录

第一卷

初见秦第一

臣闻:“不知而言,不智;知而不言,不忠。”为人臣不忠,当死;言而不当,亦当死。虽然,臣愿悉言所闻,唯大王裁其罪。

臣闻:“天下阴燕阳魏,连荆固齐,收韩而成从,将西面以与秦强为难。”臣窃笑之。世有三亡,而天下得之,其此之谓乎！臣闻之曰:“以乱攻治者亡,以邪攻正者亡,以逆攻顺者亡。”今天下之府库不盈,囷仓空虚,悉其士民,张军数十百万,其顿首戴羽为将军,断死于前,不至千人,皆以言死。白刃在前,斧锧在后,而却走不能死也。非其士民不能死也,上不能故也。言赏则不与,言罚则不行,赏罚不信,故士民不死也。今秦出号令而行赏罚,有功无功相事也。出其父母怀衽之中,生未尝见寇耳。闻战,顿足徒裼,犯白刃,蹈炉炭,断死于前者皆是也。夫断死与断生者不同,而民为之者,是贵奋死也。夫一人奋死可以对十,十可以对百,百可以对千,千可以对万,万可以克天下矣。今秦地折长补短,方数千里,名师数十百万。秦之号令赏罚,地形利害,天下莫若也。以此与天下,天下不足兼而有也,是故秦战未尝不克,攻未尝不取,所当未尝不破,开地数千里,此其大功也。然而兵甲顿,士民病,蓄积索,田畴荒,囷仓虚,四邻诸侯不服,霸王之名不成。此无异故,其谋臣皆不尽其忠也。

臣敢言之:往者齐南破荆,东破宋,西服秦,北破燕,中使韩、魏,土地广而兵强,战克攻取,诏令天下。齐之清济浊河,足以为限;长城巨防,足以为塞。齐,五战之国也,一战不克而无齐。由此观之,夫战者，万乘之存亡也。且闻之曰："削迹(《战国策·秦策一》"迹"作"株")无遗根，无与祸邻，祸乃不存。"秦与荆人战，大破荆，袭郢，取洞庭、五湖、江南，荆王君臣亡走，东服于陈。当此时也，随荆以兵，则荆可举；荆可举，则民足贪也，地足利也，东以弱齐、燕，中以凌三晋，然则是一举而霸王之名可成也，四邻诸侯可朝也。而谋臣不为，引军而退，复与荆人为和。令荆人得收亡国，聚散民，立社稷主，置宗庙；令率天下西面以与秦为难。此固以失霸王之道一矣。天下又比周而军华下，大王以诏破之，兵至梁郭下。围梁数旬，则梁可拔；拔梁，则魏可举；举魏，则荆、赵之意绝；荆、赵之意绝，则赵危；赵危而荆狐疑；东以弱齐、燕，中以凌三晋。然则是一举而霸王之名可成也，四邻诸侯可朝也。而谋臣不为，引军而退，复与魏氏为和。令魏氏反收亡国，聚散民，立社稷主，置宗庙；令(俞樾曰"令"下亦当有"率天下西面以与秦为难"十字)。此固以失霸王之道二矣。前者穰侯之治秦也，用一国之兵而欲以成两国之功，是故兵终身暴露于外，士民疲病于内，霸王之名不成，此固以失霸王之道三矣。

赵氏，中央之国也，杂民所居也，其民轻而难用也。号令不治，赏罚不信，地形不便，下不能尽其民力。彼固亡国之形也，而不忧民萌，悉其士民军于长平之下，以争韩上党。大王以诏破之，拔武安。当是时也，赵氏上下不相亲也，贵贱不相信也。然则邯郸不守。拔邯郸，筦山东河间，引军而去，西攻修武，逾华，绛上党(《战国策·秦策一》"绛上党"作"降代、上党")。代四十六县，上党七十县，不用一领甲，不苦一士民，此皆秦有也。代、上党不战而毕为秦矣，东阳、河外不战而毕反为齐矣，中山、呼沲以北不战而毕为燕矣。然则是赵举，赵举则韩亡，韩亡则荆、魏不能独立，荆、魏不能独立，则是一举而坏韩、蠹魏、拔(《战国策·秦策一》"拔"作"挟")荆，东以弱齐、燕，决白马之口以沃魏氏，是一举而三晋亡、从者败也，大王垂拱以须之，天下编随而服矣，霸王之名可成。而谋臣不为，引军而退，复与赵氏为和。夫以大王之明、秦兵之强，弃霸王之业，地曾不可得，乃取欺于亡国，是谋臣之拙也。且夫赵当亡而不亡，秦当霸而不霸，天下固以量秦之谋臣一矣。乃复悉士卒以攻邯郸，不能拔也，弃甲兵弩，战竦而却，天下固已量秦力二矣。军乃引而退，并于李下，大王又并军而至，与战不能克之也，又不能反（顾广圻曰“反”当作“及”）运，罢而去，天下固量秦力三矣。内者量吾谋臣，外者极吾兵力。由是观之，臣以为天下之从，几不难矣。内者，吾甲兵顿，士民病，蓄积索，田畴荒，囷仓虚；外者，天下皆比意甚固。愿大王有以虑之也。

且臣闻之曰：“战战栗栗，日慎一日。苟慎其道，天下可有。”何以知其然也？昔者纣为天子，将率天下甲兵百万，左饮于淇溪，右饮于洹谿，淇水竭而洹水不流，以与周武王为难。武王将素甲三千，战一日，而破纣之国，禽其身，据其地而有其民，天下莫伤。知伯率三国之众以攻赵襄主于晋阳，决水而灌之。三月，城且拔矣，襄主钻龟筮占兆，以视利害，何国可降。乃使其臣张孟谈，于是乃潜行而出，反知伯之约，得两国之众，以攻知伯，禽其身，以复襄主之初。今秦地折长补短，方数千里，名师数十百万。秦国之号令赏罚，地形利害，天下莫如也。以此与天下，天下可兼而有也。臣昧死愿望见大王，言所以破天下之从，举赵、亡韩，臣荆、魏，亲齐、燕，以成霸王之名，朝四邻诸侯之道。大王诚听其说，一举而天下之从不破，赵不举，韩不亡，荆、魏不臣，齐、燕不亲，霸王之名不成，四邻诸侯不朝，大王斩臣以徇国，以为王谋不忠者也。

存韩第二

韩事秦三十馀年，出则为扞（《集解》“扞”误为“扦”，据乾道本改正）蔽，入则为席荐。秦特出锐师取韩地，而随之怨悬于天下，功归于强秦。且夫韩入贡职，与郡县无异也。今臣窃闻贵臣之计，举兵将伐韩。夫赵氏聚士卒，养从徒，欲赘天下之兵，明秦不弱，则诸侯必灭宗庙，欲西面行其意，非一日之计也。今释赵之患，而攘内臣之韩，则天下明赵氏之计矣。

夫韩，小国也，而以应天下四击，主辱臣苦，上下相与同忧久矣。修守备，戒强敌，有蓄积，筑城池以守固。今伐韩，未可一年而灭，拔一城而退，则权轻于天下，天下摧我兵矣。韩叛，则魏应之，赵据齐以为原，如此，则以韩、魏资赵假齐，以固其从，而以与争强，赵之福而秦之祸也。夫进而击赵不能取，退而攻韩弗能拔，则陷锐之卒勤于野战，负任之旅罢于内攻，则合群苦弱以敌而共二万乘，非所以亡赵（顾广圻曰“赵”当作“韩”）之心也。均如贵人之计，则秦必为天下兵质矣。陛下虽以金石相弊，则兼天下之日未也。

今贱臣之愚计：使人使荆，重币用事之臣，明赵之所以欺秦者；与魏质以安其心，从韩而伐赵，赵虽与齐为一，不足患也。二国事毕，则韩可以移书定也。是我一举，二国有亡形，则荆、魏又必自服矣。故曰：“兵者，凶器也。”不可不审用也。以秦与赵敌衡，加以齐，今又背韩，而未有以坚荆、魏之心。夫一战而不胜，则祸搆矣。计者，所以定事也，不可不察也。韩（松皋圆曰“韩”字误，当作“赵”）、秦强弱，在今年耳。且赵与诸侯阴谋久矣。夫一动而弱于诸侯，危事也；为计而使诸侯有意伐之心，至殆也。见二疏，非所以强于诸侯也。臣窃愿陛下之幸熟图之！夫攻伐而使从者间焉，不可悔也。

诏以韩客之所上书，书言韩之未可举，下臣斯，甚以为不然。秦之有韩，若人之有腹心之病也，虚处则㤜然，若居湿地，著而不去，以极走，则发矣。夫韩虽臣于秦，未尝不为秦病，今若有卒报之事，韩不可信也。秦与赵为难，荆苏使齐，未知何如。以臣观之，则齐、赵之交未必以荆苏绝也；若不绝，是悉赵（《韩非子识误》引王渭曰“赵”当作“秦”）而应二万乘也。夫韩不服秦之义而服于强也，今专于齐、赵，则韩必为腹心之病而发矣。韩与荆有谋，诸侯应之，则秦必复见崤塞之患。

非之来也，未必不以其能存韩也为重于韩也。辩说属辞，饰非诈谋，以钓利于秦，而以韩利窥陛下。夫秦、韩之交亲，则非重矣，此自便之计也。

臣视非之言，文其淫说，靡辩才甚。臣恐陛下淫非之辩而听其盗心，因不详察事情。今以臣愚议：秦发兵而未名所伐，则韩之用事者以事秦为计矣。臣斯请往见韩王，使来入见，大王见，因内其身而勿遣，稍召其社稷之臣，以与韩人为市，则韩可深割也。因令象武发东郡之卒，窥兵于境上而未名所之，则齐人惧而从苏之计。是我兵未出而劲韩以威擒、强齐以义从矣。闻于诸侯也，赵氏破胆，荆人狐疑，必有忠计。荆人不动，魏不足患也，则诸侯可蚕食而尽，赵氏可得与敌矣。愿陛下幸察愚臣之计，无忽！

秦遂遣斯使韩也。

李斯往诏韩王，未得见，因上书曰：

"昔秦、韩戮力一意，以不相侵，天下莫敢犯，如此者数世矣。前时五诸侯尝相与共伐韩，秦发兵以救之。韩居中国，地不能满千里，而所以得与诸侯班位于天下、君臣相保者，以世世相教事秦之力也。先时五诸侯共伐秦，韩反与诸侯先为雁行以向秦军于关下矣。诸侯兵困力极，无奈何，诸侯兵罢。杜仓相秦，起兵发将以报天下之怨而先攻荆。荆令尹患之，曰：'夫韩以秦为不义，而与秦兄弟共苦天下。已又背秦，先为雁行以攻关。韩则居中国，展转不可知。'天下共割韩上地十城以谢秦，解其兵。夫韩尝一背秦而国迫地侵，兵弱至今；所以然者，听奸臣之浮说，不权事实，故虽杀戮奸臣，不能使韩复强。

"今赵欲聚兵士，卒以秦为事，使人来借道，言欲伐秦；欲伐秦，其势必先韩而后秦。且臣闻之：'唇亡，则齿寒。'夫秦、韩不得无同忧，其形可见。魏欲发兵以攻韩，秦使人将使者于韩。今秦王使臣斯来而不得见，恐左右袭曩奸臣之计，使韩复有亡地之患。臣斯不得见，请归报，秦、韩之交必绝矣。斯之来使，以奉秦王之欢心，愿效便计，岂陛下所以逆贱臣者邪？臣斯愿得一见，前进道愚计，退就菹戮，愿陛下有意焉。今杀臣于韩，则大王不足以强，若不听臣之计，则祸必搆矣。秦发兵不留行，而韩之社稷忧矣。臣斯暴身于韩之市，则虽欲察贱臣愚忠之计，不可得已。边鄙残，国固守，鼓铎之声于耳，而乃用臣斯之计，晚矣。且夫韩之兵于天下可知也，今又背强秦。夫弃城而败军，则反掖之寇必袭城矣。城尽则聚散，聚散则无军矣。城固守，则秦必兴兵而围王一都，道不通，则难必谋，其势不救，左右计之者不用，愿陛下熟图之。若臣斯之所言有不应事实者，愿大王幸使得毕辞于前，乃就吏诛不晚也。秦王饮食不甘，游观不乐，意专在图赵，使臣斯来言，愿得身见，因急与陛下有计也。今使臣不通，则韩之信未可知也。夫秦必释赵之患而移兵于韩，愿陛下幸复察图之，而赐臣报决。”

难言第三

臣非非难言也，所以难言者：言顺比滑泽，洋洋纚纚然，则见以为华而不实；敦厚恭祗，鲠固慎完，则见以为拙而不伦；多言繁称，连类比物，则见以为虚而无用；揔微说约，径省而不饰，则见以为刿而不辩；激急亲近，探知人情，则见以为僭（乾道本作“谮”）而不让；闳大广博，妙远不测，则见以为夸而无用；家计小谈，以具数言，则见以为陋；言而近世，辞不悖逆，则见以为贪生而谀上；言而远俗，诡躁人间，则见以为诞；捷敏辩给，繁于文采，则见以为史；殊释文学，以质性言，则见以为鄙；时称《诗》、《书》，道法往古，则见以为诵。此臣非之所以难言而重患也。

故度量虽正，未必听也；义理虽全，未必用也。大王若以此不信，则小者以为毁訾诽谤，大者患祸灾害死亡及其身。故子胥善谋而吴戮之，仲尼善说而匡围之，管夷吾实贤而鲁囚之。故此三大夫岂不贤哉？而三君不明也。上古有汤，至圣也；伊尹，至智也。夫至智说至圣，然且七十说而不受，身执鼎俎为庖宰，昵近习亲，而汤乃仅知其贤而用之。故曰：以至智说至圣，未必至而见受，伊尹说汤是也；以智说愚，必不听，文王说纣是也。故文王说纣而纣囚之；翼侯炙；鬼侯腊；比干剖心；梅伯醢；夷吾束缚；而曹羁奔陈；伯里子道乞；傅说转鬻；孙子膑脚于魏；吴起收（卢文弨疑为'抆'字）泣于岸门，痛西河之为秦，卒枝解于楚；公叔痤言国器反为悖，公孙鞅奔秦；关龙逢斩；苌弘（《集解》"弘"作"宏"，据乾道本改回）分胣；尹子阱于棘；司马子期死而浮于江；田明辜射；宓子贱、西门豹不斗而死人手；董安于死而陈于市；宰予不免于田常；范雎（《集解》"雎"误为"睢"，据乾道本改正）折胁于魏。此十数人者，皆世之仁贤忠良有道术之士也，不幸而遇悖乱暗惑之主而死。然则虽贤圣不能逃死亡避戮辱者何也？则愚者难说也，故君子难言也。且至言忤于耳而倒于心，非贤圣莫能听，愿大王熟察之也。

爱臣第四

爱臣太亲，必危其身；人臣太贵，必易主位；主妾无等，必危嫡子；兄弟不服，必危社稷。臣闻：千乘之君无备，必有百乘之臣在其侧，以徙其民而倾其国；万乘之君无备，必有千乘之家在其侧，以徙其威而倾其国。是以奸臣蕃息，主道衰亡。是故诸侯之博大，天子之害也；群臣之太富，君主之败也。将相之管主而隆国家，此君人者所外也。万物莫如身之至贵也，位之至尊也，主威之重，主势之隆也。此四美者，不求诸外，不请于人，议之而得之矣。故曰：人主不能用其富，则终于外也。此君人者之所识也。

昔者纣之亡，周之卑，皆从诸侯之博大也；晋之分也，齐之夺也，皆以群臣之太富也。夫燕、宋之所以弑其君者，皆以类也。故上比之殷、周，中比之燕、宋，莫不从此术也。是故明君之蓄其臣也，尽之以法，质之以备。故不赦死，不宥刑；赦死宥刑，是谓威淫。社稷将危，国家偏威。是故大臣之禄虽大，不得藉威城市；党与虽众，不得臣士卒。故人臣处国无私朝，居军无私交，其府库不得私贷于家，此明君之所以禁其邪。是故不得四从，不载奇兵，非传非遽，载奇兵革，罪死不赦。此明君之所以备不虞者也。

主道第五

道者，万物之始、是非之纪也。是以明君守始以知万物之源，治纪以知善败之端。故虚静以待令，令名自命也，令事自定也。虚则知实之情，静则知动者正。有言者自为名，有事者自为形，形名参同，君乃无事焉，归之其情。故曰：君无见其所欲，君见其所欲，臣自将雕琢；君无见其意，君见其意，臣将自表异。故曰：去好去恶，臣乃见素；去旧去智，臣乃自备。故有智而不以虑，使万物知其处；有行而不以贤，观臣下之所因；有勇而不以怒，使群臣尽其武。是故去智而有明，去贤而有功，去勇而有强。群臣守职，百官有常，因能而使之，是谓习常。故曰：寂乎其无位而处，漻乎莫得其所。明君无为于上，群臣竦惧乎下。明君之道，使智者尽其虑，而君因以断事，故君不穷于智；贤者敕其材，君因而任之，故君不穷于能；有功则君有其贤，有过则臣任其罪，故君不穷于名。是故不贤而为贤者师，不智而为智者正。臣有其劳，君有其成功，此之谓贤主之经也。

道在不可见，用在不可知；虚静无事，以暗见疵。见而不见，闻而不闻，知而不知。知其言以往，勿变勿更，以参合阅焉。官有一人，勿令通言，则万物皆尽。函掩其迹，匿其端，下不能原；去其智，绝其能,下不能意。保吾所以往而稽同之,谨执其柄而固握之。绝其望,破其意,毋使人欲之。不谨其闭,不固其门,虎乃将存。不慎其事,不掩其情,贼乃将生。弑其主,代其所,人莫不与,故谓之虎。处其主之侧,为奸臣,闻其主之忒,故谓之贼。散其党,收其馀,闭其门,夺其辅,国乃无虎。大不可量,深不可测,同合刑名,审验法式,擅为者诛,国乃无贼。是故人主有五壅:臣闭其主曰壅,臣制财利曰壅,臣擅行令曰壅,臣得行义曰壅,臣得树人曰壅。臣闭其主,则主失位;臣制财利,则主失德;臣擅行令,则主失制;臣得行义,则主失名(“名”,乾道本作“明”,陶鸿庆曰当为“萌”,本书多以“萌”为“民氓”。《集解》据顾广圻校记将“明”误改为“名”);臣得树人,则主失党。此人主之所以独擅也,非人臣之所以得操也。

人主之道,静退以为宝。不自操事而知拙与巧,不自计虑而知福与咎。是以不言而善应,不约而善增。言已应,则执其契;事已增,则操其符。符契之所合,赏罚之所生也。故群臣陈其言,君以其言授其事,事以责其功。功当其事,事当其言,则赏;功不当其事,事不当其言,则诛。明君之道,臣不得陈言而不当。是故明君之行赏也,暖乎如时雨,百姓利其泽;其行罚也,畏乎如雷霆,神圣不能解也。故明君无偷赏,无赦罚。赏偷,则功臣堕其业;赦罚,则奸臣易为非。是故诚有功,则虽疏贱必赏;诚有过,则虽近爱必诛。近爱必诛,则疏贱者不怠,而近爱者不骄也。

第二卷

有度第六

国无常强，无常弱。奉法者强，则国强；奉法者弱，则国弱。荆庄王并国二十六，开地三千里；庄王之氓社稷也，而荆以亡。齐桓公并国三十，启地三千里；桓公之氓社稷也，而齐以亡。燕襄王以河为境，以蓟为国，袭涿、方城，残齐，平中山，有燕者重，无燕者轻；襄王之氓社稷也，而燕以亡。魏安釐王攻赵救燕（顾广圻曰当云“攻燕救赵”），取地河东；攻尽陶、魏之地；加兵于齐，私平陆之都；攻韩拔管，胜于淇下；睢阳之事，荆军老而走；蔡、召陵之事，荆军破。兵四布于天下，威行于冠带之国。安釐王死而魏以亡。故有荆庄、齐桓，则荆、齐可以霸；有燕襄、魏安釐，则燕、魏可以强。今皆亡国者，其群臣官吏皆务所以乱而不务所以治也。其国乱弱矣，又皆释国法而私其外，则是负薪而救火也，乱弱甚矣！

故当今之时，能去私曲、就公法者，民安而国治；能去私行、行公法者，则兵强而敌弱。故审得失有法度之制者，加以群臣之上，则主不可欺以诈伪；审得失有权衡之称者，以听远事，则主不可欺以天下之轻重。今若以誉进能，则臣离上而下比周；若以党举官，则民务交而不求用于法。故官之失能者，其国乱。以誉为赏、以毁为罚也，则好赏恶罚之人，释公行、行私术、比周以相为也。忘主外交，以进其与，则其下所以为上者薄矣。交众与多，外内朋党，虽有大过，其蔽多矣。故忠臣危死于非罪，奸邪之臣安利于无功。忠臣危死而不以其罪，则良臣伏矣；奸邪之臣安利不以功，则奸臣进矣：此亡之本也。

若是，则群臣废法而行私重，轻公法矣。数至能人之门，不壹至主之廷；百虑私家之便，不壹图主之国。属数虽多，非所以尊君也；百官虽具，非所以任国也。然则主有人主之名，而实托于群臣之家也。故臣曰：亡国之廷无人焉。廷无人者，非朝廷之衰也。家务相益，不务厚国；大臣务相尊，而不务尊君；小臣奉禄养交，不以官为事。此其所以然者，由主之不上断于法，而信下为之也。故明主使法择人，不自举也；使法量功，不自度也。能者不可弊，败者不可饰，誉者不能进，非者弗能退，则君臣之间明辩而易治，故主雠法则可也。

贤者之为人臣，北面委质，无有二心。朝廷不敢辞贱，军旅不敢辞难；顺上之为，从主之法，虚心以待令，而无是非也。故有口不以私言，有目不以私视，而上尽制之。为人臣者，譬之若手，上以修头，下以修足；清暖寒热，不得不救入；镆铘傅体，不敢弗搏。无私贤哲之臣，无私事能之士。故民不越乡而交，无百里之戚。贵贱不相逾，愚智提衡而立，治之至也。今夫轻爵禄，易去亡，以择其主，臣不谓廉。诈说逆法，倍主强谏，臣不谓忠。行惠施利，收下为名，臣不谓仁。离俗隐居，而以非上，臣不谓义。外使诸侯，内耗其国，伺其危险之陂，以恐其主曰："交非我不亲，怨非我不解。"而主乃信之，以国听之，卑主之名以显其身，毁国之厚以利其家，臣不谓智。此数物者，险世之说也，而先王之法所简也。先王之法曰："臣毋或作威，毋或作利，从王之指；毋或作恶，从王之路。"古者世治之民，奉公法，废私术，专意一行，具以待任。

夫为人主而身察百官，则日不足，力不给。且上用目，则下饰观；上用耳，则下饰声；上用虑，则下繁辞。先王以三者为不足，故舍己能，而因法数，审赏罚。先王之所守要，故法省而不侵。独制四海之内，聪智不得用其诈，险躁不得关其佞，奸邪无所依。远在千里外，不敢易其辞；势在郎中，不敢蔽善饰非；朝廷群下，直凑单微，不敢相逾越。故治不足而日有馀，上之任势使然也。

夫人臣之侵其主也,如地形焉,即渐以往,使人主失端、东西易面而不自知。故先王立司南以端朝夕。故明主使其群臣,不游意于法之外,不为惠于法之内,动无非法。法,所以凌过游外私也;严刑,所以遂令惩下也。威不贷错(刘师培曰“贷”乃“貣”之讹),制不共门。威、制共,则众邪彰矣;法不信,则君行危矣;刑不断,则邪不胜矣。故曰:巧匠目意中绳,然必先以规矩为度;上智捷举中事,必以先王之法为比。故绳直而枉木斫,准夷而高科削,权衡县而重益轻,斗石设而多益少。故以法治国,举措而已矣。法不阿贵,绳不挠曲。法之所加,智者弗能辞,勇者弗敢争。刑过不避大臣,赏善不遗匹夫。故矫上之失,诘下之邪,治乱决缪,绌羡齐非,一民之轨,莫如法。属(王念孙曰“属”当为“厉”)官威民,退淫殆,止诈伪,莫如刑。刑重,则不敢以贵易贱;法审,则上尊而不侵。上尊而不侵,则主强而守要,故先王贵之而传之。人主释法用私,则上下不别矣。

二柄第七

明主之所导制其臣者,二柄而已矣。二柄者,刑、德也。何谓刑、德?曰:杀戮之谓刑,庆赏之谓德。为人臣者畏诛罚而利庆赏,故人主自用其刑、德,则群臣畏其威而归其利矣。故世之奸臣则不然:所恶,则能得之其主而罪之;所爱,则能得之其主而赏之。今人主非使赏罚之威利出于己也,听其臣而行其赏罚,则一国之人皆畏其臣而易其君,归其臣而去其君矣。此人主失刑德之患也。夫虎之所以能服狗者,爪牙也。使虎释其爪牙而使狗用之,则虎反服于狗矣。人主者,以刑德制臣者也。今君人者释其刑德而使臣用之,则君反制于臣矣。故田常上请爵禄而行之群臣,下大斗斛而施于百姓,此简公失德而田常用之也,故简公见弑。子罕谓宋君曰:“夫庆赏赐予者,民之所喜也,君自行之;杀戮刑罚者,民之所恶也,臣请当之。”于是宋君失刑而子罕用之，故宋君见劫。田常徒用德而简公弑，子罕徒用刑而宋君劫。故今世为人臣者兼刑、德而用之，则是世主之危甚于简公、宋君也。故劫杀拥蔽之主，非（陶鸿庆曰“非”当为“兼”之坏字）失刑、德而使臣用之，而不危亡者，则未尝有也。

人主将欲禁奸，则审合刑名者，言与事也。为人臣者陈而言，君以其言授之事，专以其事责其功。功当其事，事当其言，则赏；功不当其事，事不当其言，则罚。故群臣其言大而功小者则罚，非罚小功也，罚功不当名也；群臣其言小而功大者亦罚，非不说于大功也，以为不当名也害甚于有大功，故罚。昔者韩昭侯醉而寝，典冠者见君之寒也，故加衣于君之上，觉寝而说，问左右曰：“谁加衣者？”左右对曰：“典冠。”君因兼罪典衣，杀典冠。其罪典衣，以为失其事也；其罪典冠，以为越其职也。非不恶寒也，以为侵官之害甚于寒。故明主之畜臣，臣不得越官而有功，不得陈言而不当。越官则死，不当则罪。守业其官，所言者贞也，则群臣不得朋党相为矣。

人主有二患：任贤，则臣将乘于贤以劫其君；妄举，则事沮不胜。故人主好贤，则群臣饰行以要君欲，则是群臣之情不效；群臣之情不效，则人主无以异其臣矣。故越王好勇而民多轻死；楚灵王好细腰而国中多饿人；齐桓公妒而好内，故竖刁自宫以治内；桓公好味，易牙蒸其子首而进之；燕子哙好贤，故子之明不受国。故君见恶，则群臣匿端；君见好，则群臣诬能。人主欲见，则群臣之情态得其资矣。故子之，托于贤以夺其君者也；竖刁、易牙，因君之欲以侵其君者也。其卒，子哙以乱死，桓公虫流出户而不葬。此其故何也？人君以情借臣之患也。人臣之情，非必能爱其君也，为重利之故也。今人主不掩其情，不匿其端，而使人臣有缘以侵其主，则群臣为子之、田常不难矣。故曰：“去好去恶，群臣见素。”群臣见素，则大君不蔽矣。

扬权第八

天有大命,人有大命。夫香美脆味,厚酒肥肉,甘口而病形;曼理皓齿,说情而(捐)[损]精。故去甚去泰,身乃无害。权不欲见,素无为也。事在四方,要在中央。圣人执要,四方来效。虚而待之,彼自以之。四海既藏,道阴见阳。左右既立,开门而当。勿变勿易,与二俱行,行之不已,是谓履理也。

夫物者有所宜,材者有所施,各处其宜,故上下无为。使鸡司夜,令狸执鼠,皆用其能,上乃无事。上有所长,事乃不方。矜而好能,下之所欺;辩惠好生,下因其材。上下易用,国故不治。

用一之道,以名为首。名正物定,名倚物徙。故圣人执一以静,使名自命,令事自定。不见其采,下故素正。因而任之,使自事之;因而予之,彼将自举之。正与处之,使皆自定之。上以名举之,不知其名,复修其形。形名参同,用其所生。二者诚信,下乃贡情。

谨修所事,待命于天。毋失其要,乃为圣人。圣人之道,去智与巧,智巧不去,难以为常。民人用之,其身多殃;主上用之,其国危亡。因天之道,反形之理,督参鞠之,终则有始。虚以静后,未尝用己。凡上之患,必同其端;信而勿同,万民一从。

夫道者,弘大而无形;德者,核理而普至。至于群生,斟酌用之,万物皆盛,而不与其宁。道者,下周于事,因稽而命,与时生死。参名异事,通一同情。故曰:道不同于万物,德不同于阴阳,衡不同于轻重,绳不同于出入,和不同于燥湿,君不同于群臣。凡此六者,道之出也。道无双,故曰一。是故明君贵独道之容。君臣不同道,下以名祷。君操其名,臣效其形,形名参同,上下和调也。

凡听之道,以其所出,反以为之入。故审名以定位,明分以辩类。听言之道,溶若甚醉。唇乎齿乎,吾不为始乎;齿乎唇乎,愈惛惛乎。彼自离之，吾因以知之。是非辐凑，上不与构。虚静无为，道之情也；参伍比物，事之形也。参之以比物，伍之以合虚。根干不革，则动泄不失矣。动之溶之，无为而改（陶鸿庆曰“改”盖“攻”字之误）之。喜之，则多事；恶之，则生怨。故去喜去恶，虚心以为道舍。上不与共之，民乃宠之；上不与义之，使独为之。上固闭内扃，从室视庭，参（迂评本无“参”字）咫尺已具，皆之其处。以赏者赏，以刑者刑，因其所为，各以自成。善恶必及，孰敢不信？规矩既设，三隅乃列。

主上不神，下将有因；其事不当，下考其常。若天若地，是谓累解；若地若天，孰疏孰亲？能象天地，是谓圣人。欲治其内，置而勿亲；欲治其外，官置一人；不使自恣，安得移并？大臣之门，唯恐多人。凡治之极，下不能得。周合刑名，民乃守职。去此更求，是谓大惑。猾民愈众，奸邪满侧。故曰：毋富人而贷焉，毋贵人而逼焉，毋专信一人而失其都国焉。腓大于股，难以趣走。主失其神，虎随其后。主上不知，虎将为狗。主不蚤止，狗益无已。虎成其群，以弑其母。为主而无臣，奚国之有？主施其法，大虎将怯；主施其刑，大虎自宁。法刑苟信，虎化为人，复反其真。

欲为其国，必伐其聚；不伐其聚，彼将聚众。欲为其地，必适其赐；不适其赐，乱人求益。彼求我予，假仇人斧；假之不可，彼将用之以伐我。黄帝有言曰：“上下一日百战。”下匿其私，用试其上；上操度量，以割其下。故度量之立，主之宝也；党与之具，臣之宝也。臣之所不弑其君者，党与不具也。故上失扶寸，下得寻常。有国之君，不大其都；有道之臣，不贵其家。有道之君，不贵其臣；贵之富之，备（顾广圻曰“备”当作“彼”）将代之。备危恐殆，急置太子，祸乃无从起。内索出圉，必身自执其度量。厚者亏之，薄者靡之。亏靡有量，毋使民比周，同欺其上。亏之若月，靡之若热。简令谨诛，必尽其罚。

毋弛而弓，一栖两雄。一栖两雄，其斗㘅㘅。豺狼在牢，其羊不繁。一家二贵，事乃无功。夫妻持政，子无适从。

为人君者，数披其木，毋使木枝扶疏；木枝扶疏，将塞公闾，私门将实，公庭将虚，主将壅围（顾广圻曰“围”当作“圉”）。数披其木，无使木枝外拒；木枝外拒，将逼主处。数披其木，毋使枝大本小；枝大本小，将不胜春风；不胜春风，枝将害心。公子既众，宗室忧吟。止之之道，数披其木，毋使枝茂。木数披，党与乃离。掘其根本，木乃不神。填其汹渊，毋使水清。探其怀，夺之威。主上用之，若电若雷。

八奸第九

凡人臣之所道成奸者，有八术。一曰在同床。何谓同床？曰：贵夫人，爱孺子，便僻好色，此人主之所惑也。托于燕处之虞，乘醉饱之时，而求其所欲，此必听之术也。为人臣者内事之以金玉，使惑其主，此之谓“同床”。二曰在旁。何谓在旁？曰：优笑侏儒，左右近习，此人主未命而唯唯、未使而诺诺、先意承旨、观貌察色以先主心者也。此皆俱进俱退、皆应皆对、一辞同轨以移主心者也。为人臣者内事之以金玉玩好，外为之行不法，使之化其主，此之谓“在旁”。三曰父兄。何谓父兄？曰：侧室公子，人主之所亲爱也；大臣廷吏，人主之所与度计也。此皆尽力毕议、人主之所必听也。为人臣者事公子侧室以音声子女，收大臣廷吏以辞言，处约言事，事成则进爵益禄，以劝其心，使犯其主，此之谓“父兄”。四曰养殃。何谓养殃？曰：人主乐美宫室台池，好饰子女狗马以娱其心，此人主之殃也。为人臣者尽民力以美宫室台池，重赋敛以饰子女狗马，以娱其主而乱其心，从其所欲，而树私利其间，此谓“养殃”。五曰民萌。何谓民萌？曰：为人臣者散公财以说民人，行小惠以取百姓，使朝廷市井皆劝誉己，以塞其主而成其所欲，此之谓“民萌”。六曰流行。何谓流行？曰：人主者，固壅其言谈，希于听论议，易移以辩说。为人臣者求诸侯之辩士，养国中之能说者，使之以语其私：为巧文之言、流行之辞，示之以利势，惧之以患害，施属虚辞以坏其主，此之谓“流行”。七曰威强。何谓威强？曰：君人者，以群臣百姓为威强者也。群臣百姓之所善，则君善之；非群臣百姓之所善，则君不善之。为人臣者，聚带剑之客，养必死之士，以彰其威，明为己者必利，不为己者必死，以恐其群臣百姓而行其私，此之谓“威强”。八曰四方。何谓四方？曰：君人者，国小，则事大国；兵弱，则畏强兵。大国之所索，小国必听；强兵之所加，弱兵必服。为人臣者，重赋敛，尽府库，虚其国以事大国，而用其威求诱其君；甚者举兵以聚边境而制敛于内，薄者数内大使以震其君，使之恐惧，此之谓“四方”。凡此八者，人臣之所以道成奸，世主所以壅劫、失其所有也，不可不察焉。

明君之于内也，娱其色而不行其谒，不使私请。其于左右也，使其身必责其言，不使益辞。其于父兄大臣也，听其言也必使以罚任于后，不令妄举。其于观乐玩好也，必令之有所出，不使擅进，不使擅退，群臣虞其意。其于德施也，纵禁财，发坟仓，利于民者，必出于君，不使人臣私其德。其于说议也，称誉者所善，毁疵者所恶，必实其能，察其过，不使群臣相为语。其于勇力之士也，军旅之功无逾赏，邑斗之勇无赦罪，不使群臣行私财。其于诸侯之求索也，法则听之，不法则距之。

所谓亡君者，非莫有其国也，而有之者，皆非己有也。令臣以外为制于内，则是君人者亡也。听大国为救亡也，而亡亟于不听，故不听。群臣知不听，则不外诸侯；诸侯之不听，则不受臣之诬其君矣。

明主之为官职爵禄也，所以进贤材、劝有功也。故曰：贤材者处厚禄、任大官，功大者有尊爵、受重赏。官贤者量其能，赋禄者称其功。是以贤者不诬能以事其主，有功者乐进其业，故事成功立。今则不然,不课贤不肖,论有功劳,用诸侯之重。听左右之谒,父兄大臣上请爵禄于上,而下卖之以收财利及以树私党。故财利多者买官以为贵。有左右之交者请谒以成重。功劳之臣不论,官职之迁失谬。是以吏偷官而外交,弃事而财亲(刘师培曰:"'财亲',当作'亲财',与'弃事'对文。")。是以贤者懈怠而不劝,有功者隳而简其业,此亡国之风也。

第三卷

十过第十

十过:一曰行小忠,则大忠之贼也。二曰顾小利,则大利之残也。三曰行僻自用,无礼诸侯,则亡身之至也。四曰不务听治而好五音,则穷身之事也。五曰贪愎喜利,则灭国杀身之本也。六曰耽于女乐,不顾国政,则亡国之祸也。七曰离内远游而忽于谏士,则危身之道也。八曰过而不听于忠臣,而独行其意,则灭高名、为人笑之始也。九曰内不量力,外恃诸侯,则削国之患也。十曰国小无礼,不用谏臣,则绝世之势也。

奚谓小忠?昔者楚共王与晋厉公战于鄢陵,楚师败,而共王伤其目。酣战之时,司马子反渴而求饮,竖偲阳操觞酒而进之。子反曰:“嘻!退!酒也。”偲阳曰:“非酒也。”子反受而饮之。子反之为人也,嗜酒而甘之,弗能绝于口,而醉。战既罢,共王欲复战,令人召司马子反,司马子反辞以心疾。共王驾而自往,入其幄中,闻酒臭而还,曰:“今日之战,不偲亲伤。所恃者,司马也。而司马又醉如此,是亡楚国之社稷而不恤吾众也。不偲无与复战矣!”于是还师而去,斩司马子反以为大戮。故竖偲阳之进酒,不以雠子反也,其心忠爱之而适足以杀之。故曰:行小忠,则大忠之贼也。

奚谓顾小利?昔者晋献公欲假道于虞以伐虢。荀息曰:“君其以垂棘之璧与屈产之乘,赂虞公求假道焉,必假我道。”君曰:“垂棘之璧,吾先君之宝也;屈产之乘,寡人之骏马也。若受吾币,不假之道,将奈何?”荀息曰:“彼不假我道,必不敢受我币。若受我币而假我道，则是宝犹取之内府而藏之外府也，马犹取之内厩而著之外厩也。君勿忧!”君曰：“诺。”乃使荀息以垂棘之璧与屈产之乘赂虞公，而求假道焉。虞公贪利其璧与马，而欲许之。宫之奇谏曰：“不可许。夫虞之有虢也，如车之有辅。辅依车，车亦依辅，虞、虢之势正是也。若假之道，则虢朝亡而虞夕从之矣。不可，愿勿许!”虞公弗听，遂假之道。荀息伐虢之(《吕氏春秋·权勋》作“荀息伐虢，克之”)，还反处三年，兴兵伐虞，又克之。荀息牵马操璧而报献公，献公说曰：“璧则犹是也。虽然，马齿亦益长矣。”故虞公之兵殆而地削者，何也？爱小利而不虑其害。故曰：顾小利，则大利之残也。

奚谓行僻？昔者楚灵王为申之会，宋太子后至，执而囚之；狎徐君；拘齐庆封。中射士谏曰：“合诸侯不可无礼，此存亡之机也。昔者桀为有戎之会，而有缗叛之；纣为黎丘之蒐，而戎、狄叛之。由无礼也。君其图之!”君不听，遂行其意。居未期年，灵王南游，群臣从而劫之。灵王饿而死乾溪之上。故曰：行僻自用，无礼诸侯，则亡身之至也。

奚谓好音？昔者卫灵公将之晋，至濮水之上，税车而放马，设舍以宿。夜分，而闻鼓新声者而说之。使人问左右，尽报弗闻。乃召师涓而告之，曰：“有鼓新声者，使人问左右，尽报弗闻。其状似鬼神，子为我听而写之。”师涓曰：“诺。”因静坐抚琴而写之。师涓明日报曰：“臣得之矣，而未习也，请复一宿习之。”灵公曰：“诺。”因复留宿。明日而习之，遂去之晋。晋平公觞之于施夷之台。酒酣，灵公起，曰：“有新声，愿请以示。”平公曰：“善。”乃召师涓，令坐师旷之旁，援琴鼓之。未终，师旷抚止之，曰：“此亡国之声，不可遂也。”平公曰：“此道奚出?”师旷曰：“此师延之所作，与纣为靡靡之乐也。及武王伐纣，师延东走，至于濮水而自投。故闻此声者，必于濮水之上。先闻此声者，其国必削，不可遂。”平公曰：“寡人所好者，音也，子其使遂之。”师涓鼓究之。平公问师旷曰：“此所谓何声也?”师旷曰:“此所谓清商也。”公曰:“清商固最悲乎?”师旷曰:“不如清徵。”公曰:“清徵可得而闻乎?”师旷曰:“不可。古之听清徵者,皆有德义之君也。今吾君德薄,不足以听。”平公曰:“寡人之所好者,音也,愿试听之。”师旷不得已,援琴而鼓。一奏之,有玄鹤二八,道南方来,集于郎门之垝。再奏之,而列。三奏之,延颈而鸣,舒翼而舞,音中宫商之声,声闻于天。平公大说,坐者皆喜。平公提觞而起为师旷寿,反坐而问曰:“音莫悲于清徵乎?”师旷曰:“不如清角。”平公曰:“清角可得而闻乎?”师旷曰:“不可。昔者黄帝合鬼神于西泰山之上,驾象车而六蛟龙,毕方并辖,蚩尤居前,风伯进扫,雨师洒道,虎狼在前,鬼神在后,腾蛇伏地,凤皇覆上,大合鬼神,作为清角。今主(顾广圻曰“主”当作“吾”)君德薄,不足听之。听之,将恐有败。”平公曰:“寡人老矣,所好者音也,愿遂听之。”师旷不得已而鼓之。一奏,而有玄云从西北方起;再奏之,大风至,大雨随之,裂帷幕,破俎豆,隳廊瓦。坐者散走,平公恐惧,伏于廊室之间。晋国大旱,赤地三年。平公之身遂癃病。故曰:不务听治,而好五音不已,则穷身之事也。

奚谓贪愎?昔者智伯瑶率赵、韩、魏而伐范、中行,灭之。反归,休兵数年,因令人请地于韩。韩康子欲勿与,段规谏曰:“不可不与也。夫知伯之为人也,好利而骜愎。彼来请地而弗与,则移兵于韩必矣。君其与之!与之,彼狃,又将请地他国。他国且有不听,不听则知伯必加之兵。如是,韩可以免于患而待其事之变。”康子曰:“诺。”因令使者致万家之县一于知伯。知伯说,又令人请地于魏。宣子欲勿与,赵葭谏曰:“彼请地于韩,韩与之。今请地于魏,魏弗与,则是魏内自强,而外怒知伯也。如弗予,其措兵于魏必矣。”宣子诺。因令人致万家之县一于知伯,知伯又令人之赵请蔡、皋狼之地,赵襄子弗与。知伯因阴约韩、魏将以伐赵。襄子召张孟谈而告之曰:“夫知伯之为人也,阳规(《战国策·赵策一》“规”作“亲”)而阴疏。三使韩、魏而寡人不与焉，其措兵于寡人必矣。今吾安居而可?”张孟谈曰:“夫董阏于，简主之才臣也，其治晋阳，而尹铎循之，其馀教犹存，君其定居晋阳而已矣。”君曰:“诺。”乃召延陵生，令将军(《战国策·赵策一》无“军”字)车骑先至晋阳，君因从之。君至，而行其城郭及五官之藏。城郭不治，仓无积粟，府无储钱，库无甲兵，邑无守具。襄子惧，乃召张孟谈曰:“寡人行城郭及五官之藏，皆不备具，吾将何以应敌?”张孟谈曰:“臣闻圣人之治，藏于臣(顾广圻曰“臣”当作“民”)，不藏于府库，务修其教不治城郭。君其出令，令民自遗三年之食，有馀粟者入之仓;遗三年之用，有馀钱者入之府;遗有奇人者使治城郭之缮。”君夕出令，明日，仓不容粟，府无积钱，库不受甲兵。居五日而城郭已治，守备已具。君召张孟谈而问之曰:“吾城郭已治，守备已具，钱粟已足，甲兵有馀。吾奈无箭何?”张孟谈曰:“臣闻董子之治晋阳也，公宫之垣皆以荻蒿楛楚墙之，其高至于丈，君发而用之，有馀箭矣。”于是发而试之，其坚则虽箘簳(“簳”赵用贤本作“簵”)之劲弗能过也。君曰:“吾箭已足矣，奈无金何?”张孟谈曰:“臣闻董子之治晋阳也，公宫公舍之堂，皆以炼铜为柱、质，君发而用之。”于是发而用之，有馀金矣。号令已定，守备已具，三国之兵果至。至则乘晋阳之城，遂战。三月弗能拔。因舒军而围之，决晋阳之水以灌之，围晋阳三年。城中巢居而处，悬釜而炊，财食将尽，士大夫羸病。襄子谓张孟谈曰:“粮食匮，财力尽，士大夫羸病，吾恐不能守矣!欲以城下，何国之可下?”张孟谈曰:“臣闻之:亡弗能存，危弗能安，则无为贵智矣。君失此计者(王先慎曰“失”当为“释”之误，“者”字衍，《策》作“君释此计，勿复言也”)。臣请试潜行而出，见韩、魏之君。”张孟谈见韩、魏之君曰:“臣闻唇亡齿寒。今知伯率二君而伐赵，赵将亡矣。赵亡，则二君为之次。”二君曰:“我知其然也。虽然，知伯之为人也，粗中而少亲，我谋而觉，则其祸必至矣。为之奈何?”张孟谈曰:“谋出二君之口而入臣之耳，人莫之知也。”二君因与张孟谈约二军之反，与之期日。夜遣孟谈入晋阳，以报二君之反。襄子迎孟谈而再拜之，且恐且喜。二君以约遣张孟谈，因朝知伯而出，遇智过于辕门之外。智过怪其色，因入见知伯曰：“二君貌将有变。”君曰：“何如？”曰：“其行矜而意高，非他时之节也，君不如先之。”君曰：“吾与二主约谨矣，破赵而三分其地，寡人所以亲之，必不侵欺。兵之著于晋阳三年，今旦暮将拔之而向其利，何乃将有他心？必不然。子释勿忧，勿出于口。”明旦，二主又朝而出，复见智过于辕门。智过入见曰：“君以臣之言告二主乎？”君曰：“何以知之？”曰：“今日二主朝而出，见臣而其色动，而视属臣。此必有变，君不如杀之。”君曰：“子置勿复言。”智过曰：“不可。必杀之；若不能杀，遂亲之。”君曰：“亲之奈何？”智过曰：“魏宣子之谋臣曰赵葭，韩康子之谋臣曰段规，此皆能移其君之计。君与其二君约，破赵国，因封二子者各万家之县一。如是，则二主之心可以无变矣。”知伯曰：“破赵而三分其地，又封二子者各万家之县一，则吾所得者少，不可。”智过见其言之不听也，出，因更其族为辅氏。至于期日之夜，赵氏杀其守堤之吏而决其水灌知伯军。知伯军救水而乱，韩、魏翼而击之，襄子将卒犯其前，大败知伯之军而擒知伯。知伯身死军破，国分为三，为天下笑。故曰：贪愎好利，则灭国杀身之本也。

奚谓耽于女乐？昔者戎王使由余聘于秦，穆公问之曰：“寡人尝闻道而未得目见之也，愿闻古之明主得国失国何常以？”由余对曰：“臣尝得闻之矣，常以俭得之，以奢失之。”穆公曰：“寡人不辱而问道于子，子以俭对寡人，何也？”由余对曰：“臣闻昔者尧有天下，饭于土簋，饮于土铏，其地南至交趾，北至幽都，东西至日月之所出入者，莫不宾服。尧禅天下，虞舜受之，作为食器，斩山木而财之，削锯修其迹，流漆墨其上，输之于宫以为食器，诸侯以为益侈，国之不服者十三。舜禅天下而传之于禹，禹作为祭器，墨漆其外，而朱画其内，缦帛为茵，蒋席颇缘，觞酌有采，而樽俎有饰，此弥侈矣，而国之不服者三十三。夏后氏没，殷人受之，作为大路，而建九旒，食器雕琢，觞酌刻镂，四壁垩墀，茵席雕文，此弥侈矣，而国之不服者五十三。君子皆知文章矣，而欲服者弥少。臣故曰：俭其道也。”由余出，公乃召内史廖而告之，曰：“寡人闻邻国有圣人，敌国之忧也。今由余，圣人也，寡人患之，吾将奈何？”内史廖曰：“臣闻戎王之居，僻陋而道远，未闻中国之声。君其遗之女乐，以乱其政，而后为由余请期，以疏其谏。彼君臣有间，而后可图也。”君曰：“诺。”乃使史廖以女乐二八遗戎王，因为由余请期。戎王许诺，见其女乐而说之，设酒张饮，日以听乐，终岁不迁，牛马半死。由余归，因谏戎王，戎王弗听，由余遂去之秦。秦穆公迎而拜之上卿，问其兵势与其地形，既以得之，举兵而伐之，兼国十二，开地千里。故曰：耽于女乐，不顾国政，亡国之祸也。

奚谓离内远游？昔者田成子(《说苑·正谏》作“齐景公”，下同)游于海而乐之，号令诸大夫曰：“言归者死！”颜涿聚曰：“君游海而乐之，奈臣有图国者何？君虽乐之，将安得？”田成子曰：“寡人布令曰‘言归者死’，今子犯寡人之令。”援戈将击之。颜涿聚曰：“昔桀杀关龙逢而纣杀王子比干，今君虽杀臣之身以三之可也。臣言为国，非为身也。”延颈而前曰：“君击之矣！”君乃释戈，趣驾而归。至三日，而闻国人有谋不内田成子者矣。田成子所以遂有齐国者，颜涿聚之力也。故曰：离内远游，则危身之道也。

奚谓过而不听于忠臣？昔者齐桓公九合诸侯，一匡天下，为五伯长，管仲佐之。管仲老，不能用事，休居于家。桓公从而问之曰：“仲父家居有病，即不幸而不起，政安迁之？”管仲曰：“臣老矣，不可问也。虽然，臣闻之：知臣莫若君，知子莫若父。君其试以心决之。”君曰：“鲍叔牙何如？”管仲曰：“不可。鲍叔牙为人，刚愎而上悍。刚则犯民以暴，愎则不得民心，悍则下不为用。其心不惧，非霸者之佐也。”公曰：“然则竖刁何如？”管仲曰：“不可。夫人之情，莫不爱其身。公妒而好内，竖刁自獖以为治内。其身不爱，又安能爱君？”曰：“然则卫公子开方何如？”管仲曰：“不可。齐、卫之间不过十日之行，开方为事君，欲适君之故，十五年不归见其父母，此非人情也。其父母之不亲也，又能亲君乎？”公曰：“然则易牙何如？”管仲曰：“不可。夫易牙为君主味，君之所未尝食，唯人肉耳，易牙蒸其子首而进之，君所知也。人之情莫不爱其子，今蒸其子以为膳于君，其子弗爱，又安能爱君乎？”公曰：“然则孰可？”管仲曰：“隰朋可。其为人也，坚中而廉外，少欲而多信。夫坚中，则足以为表；廉外，则可以大任；少欲，则能临其众；多信，则能亲邻国。此霸者之佐也，君其用之。”君曰：“诺。”居一年馀，管仲死，君遂不用隰朋而与竖刁。刁莅事三年，桓公南游堂阜，竖刁率易牙、卫公子开方及大臣为乱。桓公渴馁而死南门之寝、公守之室，身死三月不收，虫出于户。故桓公之兵横行天下，为五伯长，卒见弑于其臣，而灭高名，为天下笑者，何也？不用管仲之过也。故曰：过而不听于忠臣，独行其意，则灭其高名为人笑之始也。

奚谓内不量力？昔者秦之攻宜阳，韩氏急，公仲朋谓韩君曰：“与国不可恃也，岂如因张仪为和于秦哉？因赂以名都而南与伐楚，是患解于秦而害交于楚也。”公曰：“善。”乃警公仲之行，将西和秦。楚王闻之，惧，召陈轸而告之曰：“韩朋将西和秦，今将奈何？”陈轸曰：“秦得韩之都一，驱其练甲，秦、韩为一以南乡楚，此秦王之所以庙祠而求也，其为楚害必矣。王其趣发信臣，多其车，重其币，以奉韩曰：‘不穀之国虽小，卒已悉起，愿大国之信意于秦也。因愿大国令使者入境，视楚之起卒也。’”韩使人之楚，楚王因发车骑，陈之下路，谓韩使者曰：“报韩君，言弊邑之兵今将入境矣。”使者还报韩君，韩君大悦。止公仲。公仲曰：“不可。夫以实告（吴闿生曰“告”当是“害”之坏字）我者，秦也；以名救我者，楚也。听楚之虚言而轻诬强秦之实祸，则危国之本也。”韩君弗听，公仲怒而归，十日不朝，宜阳益急,韩君令使者趣卒于楚,冠盖相望而卒无至者。宜阳果拔,为诸侯笑。故曰:内不量力,外恃诸侯者,则国削之患也。

奚谓国小无礼?昔者晋公子重耳出亡,过于曹,曹君袒裼而观之。釐负羁与叔瞻侍于前。叔瞻谓曹君曰:“臣观晋公子,非常人也。君遇之无礼,彼若有时反国而起兵,即恐为曹伤。君不如杀之。”曹君弗听。釐负羁归而不乐,其妻问之曰:“公从外来而有不乐之色,何也?”负羁曰:“吾闻之:有福不及,祸来连我。今日吾君召晋公子,其遇之无礼,我与在前,吾是以不乐。”其妻曰:“吾观晋公子,万乘之主也;其左右从者,万乘之相也。今穷而出亡,过于曹,曹遇之无礼。此若反国,必诛无礼,则曹其首也,子奚不先自贰焉?”负羁曰:“诺。”乃盛黄金于壶,充之以餐,加璧其上,夜令人遗公子。公子见使者,再拜,受其餐而辞其璧。公子自曹入楚,自楚入秦。入秦三年,秦穆公召群臣而谋曰:“昔者晋献公与寡人交,诸侯莫弗闻。献公不幸离群臣,出入十年矣。嗣子不善,吾恐此将令其宗庙不祓(“祓”《集解》误为“拔”,据乾道本改正)除而社稷不血食也。如是弗定,则非与人交之道。吾欲辅重耳而入之晋,何如?”群臣皆曰:“善。”公因起卒,革车五百乘,畴骑二千,步卒五万,辅重耳入之于晋,立为晋君。重耳即位三年,举兵而伐曹矣。因令人告曹君曰:“悬叔瞻而出之,我且杀而以为大戮。”又令人告釐负羁曰:“军旅薄城,吾知子不违也。其表子之闾,寡人将以为令,令军勿敢犯。”曹人闻之,率其亲戚而保釐负羁之闾者七百馀家。此礼之所用也。故曹,小国也,而迫于晋、楚之间,其君之危犹累卵也,而以无礼莅之,此所以绝世也。故曰:国小无礼,不用谏臣,则绝世之势也。

第四卷

孤愤第十一

智术之士，必远见而明察，不明察不能烛私；能法之士，必强毅而劲直，不劲直不能矫奸。人臣循令而从事，案法而治官，非谓重人也。重人也者，无令而擅为，亏法以利私，耗国以便家，力能得其君，此所为重人也。智术之士明察，听用，且烛重人之阴情；能法之士劲直，听用，且矫重人之奸行。故智术能法之士用，则贵重之臣必在绳之外矣。是智法之士与当途之人，不可两存之仇也。

当途之人擅事要，则外内为之用矣。是以诸侯不因，则事不应，故敌国为之讼；百官不因，则业不进，故群臣为之用；郎中不因，则不得近主，故左右为之匿；学士不因，则养禄薄礼卑，故学士为之谈也。此四助者，邪臣之所以自饰也。重人不能忠主而进其仇，人主不能越四助而烛察其臣，故人主愈弊，而大臣愈重。

凡当途者之于人主也，希不信爱也，又且习故。若夫即主心、同乎好恶，固其所自进也。官爵贵重，朋党又众，而一国为之讼。则法术之士欲干上者，非有所信爱之亲、习故之泽也，又将以法术之言矫人主阿辟之心，是与人主相反也。处势卑贱，无党孤特。夫以疏远与近爱信争，其数不胜也；以新旅与习故争，其数不胜也；以反主意与同好争，其数不胜也；以轻贱与贵重争，其数不胜也；以一口与一国争，其数不胜也。法术之士操五不胜之势，以岁数而又不得见；当途之人乘五胜之资，而旦暮独说于前。故法术之士奚道得进，而人主奚时得悟乎？故资必不胜而势不两存，法术之士焉得不危？其可以罪过诬者,以公法而诛之;其不可被以罪过者,以私剑而穷之。是明法术而逆主上者,不僇于吏诛,必死于私剑矣。朋党比周以弊主、言曲以便私者,必信于重人矣。故其可以功伐借者,以官爵贵之;其不(“不”《集解》脱,据乾道本补)可借以美名者,以外权重之。是以弊主上而趋于私门者,不显于官爵,必重于外权矣。今人主不合参验而行诛,不待见功而爵禄,故法术之士安能蒙死亡而进其说?奸邪之臣安肯乘利而退其身?故主上愈卑,私门益尊。

夫越虽(赵用贤本“虽”字下有“国”字)富兵强,中国之主皆知无益于己也,曰:“非吾所得制也。”今有国者虽地广人众,然而人主壅蔽,大臣专权,是国为越也。智不类越,而不智不类其国,不察其类者也。人主(孙诒让曰“主”字衍)所以谓齐亡者,非地与城亡也,吕氏弗制而田氏用之;所以谓晋亡者,亦非地与城亡也,姬氏不制而六卿专之也。今大臣执柄独断,而上弗知收,是人主不明也。与死人同病者,不可生也;与亡国同事者,不可存也。今袭迹于齐、晋,欲国安存,不可得也。

凡法术之难行也,不独万乘,千乘亦然。人主之左右不必智也,人主于人有所智而听之,因与左右论其言,是与愚人论智也;人主之左右不必贤也,人主于人有所贤而礼之,因与左右论其行,是与不肖论贤也。智者决策于愚人,贤士程行于不肖,则贤智之士羞而人主之论悖矣。人臣之欲得官者,其修士且以精絜固身,其智士且以治辩进业。其修士不能以货赂事人,恃其精絜,而更不能以枉法为治,则修智之士不事左右、不听请谒矣。人主之左右,行非伯夷也,求索不得,货赂不至,则精辩之功息,而毁诬之言起矣。治乱之功制于近习,精洁之行决于毁誉,则修智之吏废,而人主之明塞矣。不以功伐决智行,不以参伍审罪过,而听左右近习之言,则无能之士在廷,而愚污之吏处官矣。

万乘之患,大臣太重;千乘之患,左右太信。此人主之所公患也。且人臣有大罪，人主有大失，臣主之利与相异者也。何以明之哉？曰：主利在有能而任官，臣利在无能而得事；主利在有劳而爵禄，臣利在无功而富贵；主利在豪杰使能，臣利在朋党用私。是以国地削而私家富，主上卑而大臣重。故主失势而臣得国；主更称蕃臣，而相室剖符。此人臣之所以谲主便私也。故当世之重臣，主变势而得固宠者，十无二三。是其故何也？人臣之罪大也。臣有大罪者，其行欺主也，其罪当死亡也。智士者远见而畏于死亡，必不从重人矣；贤士者修廉而羞与奸臣欺其主，必不从重臣矣。是当途者之徒属，非愚而不知患者，必污而不避奸者也。大臣挟愚污之人，上与之欺主，下与之收利侵渔，朋党比周，相与一口，惑主败法，以乱士民，使国家危削，主上劳辱，此大罪也。臣有大罪而主弗禁，此大失也。使其主有大失于上，臣有大罪于下，索国之不亡者，不可得也。

说难第十二

凡说之难：非吾知之有以说之之难也，又非吾辩之能明吾意之难也，又非吾敢横失而能尽之难也。

凡说之难：在知所说之心，可以吾说当之。所说出于为名高者也，而说之以厚利，则见下节而遇卑贱，必弃远矣。所说出于厚利者也，而说之以名高，则见无心而远事情，必不收矣。所说阴为厚利而显为名高者也，而说之以名高，则阳收其身而实疏之；说之以厚利，则阴用其言显弃其身矣。此不可不察也。

夫事以密成，语以泄败。未必其身泄之也，而语及所匿之事，如此者身危。彼显有所出事，而乃以成他故，说者不徒知所出而已矣，又知其所以为，如此者身危。规异事而当，知者揣之外而得之，事泄于外，必以为己也，如此者身危。周泽未渥也，而语极知，说行而有功，则德忘；说不行而有败，则见疑，如此者身危。贵人有过端，而说者明言礼义以挑其恶，如此者身危。贵人或得计而欲自以为功，说者与知焉，如此者身危。强以其所不能为，止以其所不能已，如此者身危。故与之论大人，则以为间己矣；与之论细人，则以为卖重。论其所爱，则以为藉资；论其所憎，则以为尝己也。径省其说，则以为不智而拙之；米盐博辩，则以为多而交之。略事陈意，则曰怯懦而不尽；虑事广肆，则曰草野而倨侮。此说之难，不可不知也。

凡说之务，在知饰所说之所矜而灭其所耻。彼有私急也，必以公义示而强之。其意有下也，然而不能已，说者因为之饰其美而少其不为也。其心有高也，而实不能及，说者为之举其过而见其恶而多其不行也。有欲矜以智能，则为之举异事之同类者，多为之地，使之资说于我，而佯不知也以资其智。欲内相存之言，则必以美名明之，而微见其合于私利也。欲陈危害之事，则显其毁诽而微见其合于私患也。誉异人与同行者，规异事与同计者。有与同污者，则必以大饰其无伤也；有与同败者，则必以明饰其无失也。彼自多其力，则毋以其难概之也；自勇其断，则无以其谪怒之；自智其计，则毋以其败穷之。大意无所拂悟，辞言无所系縻，然后极骋智辩焉。此道所得亲近不疑而得尽辞也。

伊尹为宰，百里奚为虏，皆所以干其上也。此二人者，皆圣人也；然犹不能无役身以进，如此其污也！今以吾言为宰虏，而可以听用而振世，此非能仕之所耻也。夫旷日弥久，而周泽既渥，深计而不疑，引争而不罪，则明割利害以致其功，直指是非以饰其身，以此相持，此说之成也。

昔者郑武公欲伐胡，故先以其女妻胡君以娱其意。因问于群臣："吾欲用兵，谁可伐者？"大夫关其思对曰："胡可伐。"武公怒而戮之，曰："胡，兄弟之国也。子言伐之，何也？"胡君闻之，以郑为亲己，遂不备郑。郑人袭胡，取之。宋有富人，天雨墙坏。其子曰："不筑，必将有盗。"其邻人之父亦云。暮而果大亡其财。其家甚智其子，而疑邻人之父。此二人说者皆当矣，厚者为戮，薄者见疑，则非知之难也，处之则难也。故绕朝之言当矣，其为圣人于晋，而为戮于秦也。此不可不察。

昔者弥子瑕有宠于卫君。卫国之法：窃驾君车者罪刖。弥子瑕母病，人闻，有夜告弥子，弥子矫驾君车以出。君闻而贤之，曰："孝哉！为母之故，忘其犯刖罪。"异日，与君游于果园，食桃而甘，不尽，以其半啖君。君曰："爱我哉！忘其口味以啖寡人。"及弥子色衰爱弛，得罪于君，君曰："是固尝矫驾吾车，又尝啖我以馀桃。"故弥子之行未变于初也，而以前之所以见贤而后获罪者，爱憎之变也。故有爱于主，则智当而加亲；有憎于主，则智不当见罪而加疏。故谏说谈论之士，不可不察爱憎之主而后说焉。

夫龙之为虫也，柔可狎而骑也；然其喉下有逆鳞径尺，若人有婴之者，则必杀人。人主亦有逆鳞，说者能无婴人主之逆鳞，则几矣。

和氏第十三

楚人和氏得玉璞楚山中，奉而献之厉王。厉王使玉人相之，玉人曰："石也。"王以和为诳，而刖其左足。及厉王薨，武王即位。和又奉其璞而献之武王。武王使玉人相之，又曰："石也。"王又以和为诳，而刖其右足。武王薨，文王即位。和乃抱其璞而哭于楚山之下，三日三夜，泣尽而继之以血。王闻之，使人问其故，曰："天下之刖者多矣，子奚哭之悲也?"和曰："吾非悲刖也，悲夫宝玉而题之以石，贞士而名之以诳，此吾所以悲也。"王乃使玉人理其璞而得宝焉，遂命曰"和氏之璧"。

夫珠玉，人主之所急也。和虽献璞而未美，未为王之害也，然犹两足斩而宝乃论，论宝若此其难也。今人主之于法术也，未必和璧之急也，而禁群臣士民之私邪。然则有道者之不僇也，特帝王之璞未献耳。主用术，则大臣不得擅断，近习不敢卖重；官行法，则浮萌趋于耕农，而游士危于战陈。则法术者乃群臣士民之所祸也。人主非能倍大臣之议，越民萌之诽，独周乎道言也，则法术之士虽至死亡，道必不论矣。

昔者吴起教楚悼王以楚国之俗曰："大臣太重，封君太众。若此，则上逼主而下虐民，此贫国弱兵之道也。不如使封君之子孙三世而收爵禄，绝灭（陈奇猷曰"绝灭"即"裁减"之形讹）百吏之禄秩，损不急之枝官，以奉选练之士。"悼王行之期年而薨矣，吴起枝解于楚。商君教秦孝公以连什伍，设告坐之过，燔诗书而明法令，塞私门之请而遂公家之劳，禁游宦之民而显耕战之士。孝公行之，主以尊安，国以富强，八年而薨，商君车裂于秦。楚不用吴起而削乱，秦行商君法而富强。二子之言也已当矣，然而枝解吴起而车裂商君者，何也？大臣苦法而细民恶治也。当今之世，大臣贪重，细民安乱，甚于秦、楚之俗，而人主无悼王、孝公之听，则法术之士，安能蒙二子之危也而明己之法术哉？此世所乱无霸王也。

奸劫弑臣第十四

凡奸臣皆欲顺人主之心以取信幸之势者也，是以主有所善，臣从而誉之；主有所憎，臣因而毁之。凡人之大体，取舍同者则相是也，取舍异者则相非也。今人臣之所誉者，人主之所是也，此之谓同取；人臣之所毁者，人主之所非也，此之谓同舍。夫取舍合而相与逆者，未尝闻也。此人臣之所以取信幸之道也。夫奸臣得乘信幸之势以毁誉进退群臣者，人主非有术数以御之也，非参验以审之也，必将以曩之合己，信今之言，此幸臣之所以得欺主成私者也。故主必蔽于上，而臣必重于下矣，此之谓擅主之臣。

国有擅主之臣，则群下不得尽其智力以陈其忠，百官之吏不得奉法以致其功矣。何以明之？夫安利者就之，危害者去之，此人之情也。今为臣尽力以致功、竭智以陈忠者，其身困而家贫，父子罹其害；为奸利以弊人主，行财货以事贵重之臣者，身尊家富，父子被其泽；人焉能去安利之道而就危害之处哉？治国若此其过也，而上欲下之无奸、吏之奉法，其不可得亦明矣。故左右知贞信之不可以得安利也，必曰："我以忠信事上，积功劳而求安，是犹盲而欲知黑白之情，必不幾矣；若以道化，行正理，不趋富贵，事上而求安，是犹聋而欲审清浊之声也，愈不幾矣。二者不可以得安，我安能无相比周，蔽主上、为奸私以适重人哉？"此必不顾人主之义矣。其百官之吏，亦知方正之不可以得安也，必曰："我以清廉事上而求安，若无规矩而欲为方圆也，必不幾矣；若以守法、不朋党、治官而求安，是犹以足搔顶也，愈不幾也。二者不可以得安，能无废法行私以适重人哉？"此必不顾君上之法矣。故以私为重人者众，而以法事君者少矣。是以主孤于上而臣成党于下，此田成之所以弑简公者也。

夫有术者之为人臣也，得效度数之言，上明主法，下困奸臣，以尊主安国者也。是以度数之言得效于前，则赏罚必用于后矣。人主诚明于圣人之术，而不苟于世俗之言，循名实而定是非，因参验而审言辞。是以左右近习之臣，知伪诈之不可以得安也，必曰："我不去奸私之行，尽力竭智以事主，而乃以相与比周、妄毁誉以求安，是犹负千钧之重陷于不测之渊而求生也，必不幾矣。"百官之吏，亦知为奸利之不可以得安也，必曰："我不以清廉方正奉法，乃以贪污之心枉法以取私利，是犹上高陵之颠、堕峻溪之下而求生，必不幾矣。"安危之道若此其明也，左右安能以虚言惑主，而百官安敢以贪渔下？是以臣得陈其忠而不弊，下得守其职而不怨。此管仲之所以治齐，而商君之所以强秦也。

从是观之，则圣人之治国也，固有使人不得不爱我之道，而不恃人之以爱为我也。恃人之以爱为我者危矣，恃吾不可不为者安矣。

夫君臣非有骨肉之亲,正直之道可以得利,则臣尽力以事主;正直之道不可以得安,则臣行私以干上。明主知之,故设利害之道以示天下而已矣。夫是以人主虽不口教百官,不目索奸邪,而国已治矣。人主者,非目若离娄乃为明也,非耳若师旷乃为聪也。不任其数,而待目以为明,所见者少矣,非不弊之术也;不因其势,而待耳以为聪,所闻者寡矣,非不欺之道也。明主者,使天下不得不为己视,使天下不得不为己听。故身在深宫之中而明照四海之内,而天下弗能蔽、弗能欺者,何也?暗乱之道废而聪明之势兴也。故善任势者国安,不知因其势者国危。古秦之俗,君臣废法而服私,是以国乱兵弱而主卑。商君说秦孝公以变法易俗而明公道,赏告奸、困末作而利本事。当此之时,秦民习故俗之有罪可以得免、无功可以得尊显也,故轻犯新法。于是犯之者其诛重而必,告之者其赏厚而信,故奸莫不得而被刑者众,民疾怨而众过日闻。孝公不听,遂行商君之法,民后知有罪之必诛,而私奸(陶鸿庆曰顾校“奸”上当有“告”字。“私”当为“利”字之误)者众也,故民莫犯,其刑无所加。是以国治而兵强,地广而主尊。此其所以然者,匿罪之罚重,而告奸之赏厚也。此亦使天下必为己视听之道也。至治之法术已明矣,而世学者弗知也。

且夫世之愚学,皆不知治乱之情,谶误多诵先古之书,以乱当世之治;智虑不足以避阱井之陷,又妄非有术之士。听其言者危,用其计者乱,此亦愚之至大而患之至甚者也。俱与有术之士有谈说之名,而实相去千万也,此夫名同而实有异者也。夫世愚学之人比有术之士也,犹蚁垤之比大陵也,其相去远矣。而圣人者,审于是非之实,察于治乱之情也。故其治国也,正明法,陈严刑,将以救群生之乱,去天下之祸,使强不陵弱,众不暴寡,耆老得遂,幼孤得长,边境不侵,君臣相亲,父子相保,而无死亡系虏之患,此亦功之至厚者也。愚人不知,顾以为暴。愚者固欲治而恶其所以治,皆恶危而喜其所以危者。何以知之?夫严刑重罚者,民之所恶也,而国之所以治也;

哀怜百姓轻刑罚者，民之所喜，而国之所以危也。圣人为法国者，必逆于世，而顺于道德。知之者，同于义而异于俗；弗知之者，异于义而同于俗。天下知之者少，则义非矣。

处非道之位，被众口之谮，溺于当世之言，而欲当严天子而求安，幾不亦难哉！此夫智士所以至死而不显于世者也。楚庄王之弟春申君有爱妾曰余，春申君之正妻子曰甲。余欲君之弃其妻也，因自伤其身以视君而泣，曰："得为君之妾，甚幸。虽然，适夫人非所以事君也，适君非所以事夫人也。身故不肖，力不足以适二主，其势不俱适，与其死夫人所者，不若赐死君前。妾以赐死，若复幸于左右，愿君必察之，无为人笑。"君因信妾余之诈，为弃正妻。余又欲杀甲而以其子为后，因自裂其亲身衣之里，以示君而泣，曰："余之得幸君之日久矣，甲非弗知也，今乃欲强戏余。余与争之，至裂余之衣，而此子之不孝，莫大于此矣。"君怒，而杀甲也。故妻以妾余之诈弃，而子以之死。从是观之，父之爱子也，犹可以毁而害也。君臣之相与也，非有父子之亲也，而群臣之毁言，非特一妾之口也，何怪夫贤圣之戮死哉！此商君之所以车裂于秦，而吴起之所以枝解于楚者也。凡人臣者，有罪固不欲诛，无功者皆欲尊显。而圣人之治国也，赏不加于无功，而诛必行于有罪者也。然则有术数者之为人也，固左右奸臣之所害，非明主弗能听也。

世之学术（迂评本无"术"字）者说人主，不曰"乘威严之势以困奸邪之臣"，而皆曰"仁义惠爱而已矣"。世主美仁义之名而不察其实，是以大者国亡身死，小者地削主卑。何以明之？夫施与贫困者，此世之所谓仁义；哀怜百姓不忍诛罚者，此世之所谓惠爱也。夫有施与贫困，则无功者得赏；不忍诛罚，则暴乱者不止。国有无功得赏者，则民不外务当敌斩首，内不急力田疾作，皆欲行货财事富贵，为私善立名誉以取尊官厚俸。故奸私之臣愈众，而暴乱之徒愈胜，不亡何待？夫严刑者，民之所畏也；重罚者，民之所恶也。故圣人陈其所畏以禁其邪,设其所恶以防其奸,是以国安而暴乱不起。吾以是明仁义爱惠之不足用,而严刑重罚之可以治国也。无捶策之威,衔橛之备,虽造父不能以服马;无规矩之法,绳墨之端,虽王尔不能以成方圆;无威严之势,赏罚之法,虽尧、舜不能以为治。今世主皆轻释重罚严诛,行爱惠,而欲霸王之功,亦不可幾也。故善为主者,明赏设利以劝之,使民以功赏,而不以仁义赐;严刑重罚以禁之,使民以罪诛,而不以爱惠免。是以无功者不望,而有罪者不幸矣。托于犀车良马之上,则可以陆犯阪阻之患;乘舟之安,持楫之利,则可以水绝江河之难;操法术之数,行重罚严诛,则可以致霸王之功。治国之有法术赏罚,犹若陆行之有犀车良马也,水行之有轻舟便楫也,乘之者遂得其成。伊尹得之,汤以王;管仲得之,齐以霸;商君得之,秦以强。此三人者,皆明于霸王之术,察于治强之数,而不以牵于世俗之言;适当世明主之意,则有直任布衣之士,立为卿相之处;处位治国,则有尊主广地之实。此之谓足贵之臣。汤得伊尹,以百里之地立为天子;桓公得管仲,立为五霸主,九合诸侯,一匡天下;孝公得商君,地以广,兵以强。故有忠臣者,外无敌国之患,内无乱臣之忧,长安于天下,而名垂后世,所谓忠臣也。若夫豫让为智伯臣也,上不能说人主使之明法术度数之理以避祸难之患,下不能领御其众以安其国。及襄子之杀智伯也,豫让乃自黔劓,败其形容,以为智伯报襄子之仇。是虽有残刑杀身以为人主之名,而实无益于智伯若秋毫之末。此吾之所下也,而世主以为忠而高之。古有伯夷、叔齐者,武王让以天下而弗受,二人饿死首阳之陵。若此臣者,不畏重诛,不利重赏,不可以罚禁也,不可以赏使也。此之谓无益之臣也,吾所少而去也,而世主之所多而求也。

谚曰:“厉怜王。”此不恭之言也。虽然,古无虚谚,不可不察也。此谓劫杀死亡之主言也。人主无法术以御其臣,虽长年而美材,大臣犹将得势擅事主断,而各为其私急。而恐父兄豪杰之士,借人主之力，以禁诛于己也，故弑贤长而立幼弱，废正的而立不义。故《春秋》记之曰："楚王子围将聘于郑，未出境，闻王病而反。因入问病，以其冠缨绞王而杀之，遂自立也。齐崔杼，其妻美，而庄公通之，数如崔氏之室。及公往，崔子之徒贾举率崔子之徒而攻公。公入室，请与之分国，崔子不许；公请自刃于庙，崔子又不听；公乃走，逾于北墙。贾举射公，中其股，公坠，崔子之徒以戈斫公而死之，而立其弟景公。"近之所见：李兑之用赵也，饿主父百日而死；卓齿之用齐也，擢湣王之筋，悬之庙梁，宿昔而死。故厉虽痈肿疕疡，上比于《春秋》，未至于绞颈射股也；下比于近世，未至饿死擢筋也。故劫杀死亡之君，此其心之忧惧、形之苦痛也，必甚于厉矣。由此观之，虽"厉怜王"可也。

第五卷

亡徵第十五

凡人主之国小而家大，权轻而臣重者，可亡也。简法禁而务谋虑，荒封内而恃交援者，可亡也。群臣为学，门子好辩，商贾外积，小民内困者，可亡也。好宫室台榭陂池，事车服器玩，好罢露百姓，煎靡货财者，可亡也。用时日，事鬼神，信卜筮，而好祭祀者，可亡也。听以爵，不以众言参验，用一人为门户者，可亡也。官职可以重求，爵禄可以货得者，可亡也。缓心而无成，柔茹而寡断，好恶无决，而无所定立者，可亡也。饕贪而无餍，近利而好得者，可亡也。喜淫刑而不周于法，好辩说而不求其用，滥于文丽而不顾其功者，可亡也。浅薄而易见，漏泄而无藏，不能周密，而通群臣之语者，可亡也。很刚而不和，愎谏而好胜，不顾社稷而轻为自信者，可亡也。恃交援而简近邻，怙强大之救，而侮所迫之国者，可亡也。羁旅侨士，重帑在外，上间谋计，下与民事者，可亡也。民信其相，下不能其上，主爱信之而弗能废者，可亡也。境内之杰不事，而求封外之士，不以功伐课试，而好以名问举错，羁旅起贵以陵故常者，可亡也。轻其適正，庶子称衡，太子未定而主即世者，可亡也。大心而无悔，国乱而自多，不料境内之资而易其邻敌者，可亡也。国小而不处卑，力少而不畏强，无礼而侮大邻，贪愎而拙交者，可亡也。太子已置，而娶于强敌以为后妻，则太子危，如是则群臣易虑者，可亡也。怯慑而弱守，蚤见而心柔懦，知有谓可，断而弗敢行者，可亡也。出君在外而国更置，质太子未反而君易子，如是则国携；国携者，可亡也。挫辱大臣而狎其身，刑戮小民而逆其使，怀怒思耻而专习则贼生；贼生者，可亡也。大臣两重，父兄众强，内党外援以争事势者，可亡也。婢妾之言听，爱玩之智用，外内悲惋而数行不法者，可亡也。简侮大臣，无礼父兄，劳苦百姓，杀戮不辜者，可亡也。好以智矫法，时以行杂公，法禁变易，号令数下者，可亡也。无地固，城郭恶，无畜积，财物寡，无守战之备而轻攻伐者，可亡也。种类不寿，主数即世，婴儿为君，大臣专制，树羁旅以为党，数割地以待交者，可亡也。太子尊显，徒属众强，多大国之交，而威势蚤具者，可亡也。变褊而心急，轻疾而易动发，心悁忿而不訾前后者，可亡也。主多怒而好用兵，简本教而轻战攻者，可亡也。贵臣相妒，大臣隆盛，外藉敌国，内困百姓，以攻怨雠，而人主弗诛者，可亡也。君不肖而侧室贤，太子轻而庶子伉，官吏弱而人民桀，如此则国躁；国躁者，可亡也。藏怒而弗发，悬罪而弗诛，使群臣阴憎而愈忧惧，而久未可知者，可亡也。出军命将太重，边地任守太尊，专制擅命，径为而无所请者，可亡也。后妻淫乱，主母畜秽，外内混通，男女无别，是谓两主；两主者，可亡也。后妻贱而婢妾贵，太子卑而庶子尊，相室轻而典谒重，如此则内外乖；内外乖者，可亡也。大臣甚贵，偏党众强，壅塞主断而重擅国者，可亡也。私门之官用，马府之世（赵用贤本“世”下有“绌”字），乡曲之善举，官职之劳废，贵私行而贱公功者，可亡也。公家虚而大臣实，正户贫而寄寓富，耕战之士困，末作之民利者，可亡也。见大利而不趋，闻祸端而不备，浅薄于争守之事，而务以仁义自饰者，可亡也。不为人主之孝，而慕匹夫之孝，不顾社稷之利，而听主母之令，女子用国，刑馀用事者，可亡也。辞辩而不法，心智而无术，主多能而不以法度从事者，可亡也。亲臣进而故人退，不肖用事而贤良伏，无功贵而劳苦贱，如是则下怨；下怨者，可亡也。父兄大臣禄秩过功，章服侵等，宫室供养太侈，而人主弗禁，则臣心无穷；臣心无穷者，可亡也。公婿公孙与民同门，暴慠其邻者，可亡也。

亡徵者,非曰必亡,言其可亡也。夫两尧不能相王,两桀不能相亡;亡王之机,必其治乱、其强弱相踦者也。木之折也必通蠹,墙之坏也必通隙。然木虽蠹,无疾风不折;墙虽隙,无大雨不坏。万乘之主,有能服术行法以为亡徵之君风雨者,其兼天下不难矣。

三守第十六

人主有三守。三守完,则国安身荣;三守不完,则国危身殆。何谓三守?人臣有议当途之失、用事之过、举臣之情,人主不心藏而漏之近习能人,使人臣之欲有言者,不敢不下适近习能人之心,而乃上以闻人主。然则端言直道之人不得见,而忠直日疏。爱人,不独利也,待誉而后利之;憎人,不独害也,待非而后害之。然则人主无威而重在左右矣。恶自治之劳惮,使群臣辐凑用事,因传柄移藉,使杀生之机、夺予之要在大臣,如是者侵。此谓三守不完。三守不完,则劫杀之征也。

凡劫有三:有明劫,有事劫,有刑劫。人臣有大臣之尊,外操国要以资群臣,使外内之事非己不得行。虽有贤良,逆者必有祸,而顺者必有福。然则群臣莫敢忠主忧国以争社稷之利害。人主虽贤,不能独计,而人臣有不敢忠主,则国为亡国矣。此谓国无臣。国无臣者,岂郎中虚而朝臣少哉?群臣持禄养交,行私道而不效公忠,此谓明劫。鬻宠擅权,矫外以胜内,险言祸福得失之形,以阿主之好恶。人主听之,卑身轻国以资之,事败与主分其祸,而功成则臣独专之。诸用事之人,壹心同辞以语其美,则主言恶者必不信矣,此谓事劫。至于守司囹圄,禁制刑罚,人臣擅之,此谓刑劫。三守不完,则三劫者起;三守完,则三劫者止。三劫止塞,则王矣。

备内第十七

人主之患在于信人。信人,则制于人。人臣之于其君,非有骨肉之亲也,缚于势而不得不事也。故为人臣者,窥觇其君心也无须臾之休,而人主怠慠处其上,此世所以有劫君弑主也。为人主而大信其子,则奸臣得乘于子以成其私,故李兑傅赵王而饿主父。为人主而大信其妻,则奸臣得乘于妻以成其私,故优施傅丽姬、杀申生而立奚齐。夫以妻之近与子之亲而犹不可信,则其馀无可信者矣。

且万乘之主,千乘之君,后妃、夫人、適子为太子者,或有欲其君之蚤死者。何以知其然?夫妻者,非有骨肉之恩也,爱则亲,不爱则疏。语曰:“其母好者其子抱。”然则其为之反也:其母恶者其子释。丈夫年五十而好色未解也,妇人年三十而美色衰矣。以衰美之妇人事好色之丈夫,则身死(顾广圻曰“死”字当作‘疑’)见疏贱,而子疑不为后,此后妃、夫人之所以冀其君之死者也。唯母为后而子为主,则令无不行,禁无不止,男女之乐不减于先君,而擅万乘不疑,此鸩毒扼昧之所以用也。故《桃左春秋》曰:“人主之疾死者不能处半。”人主弗知,则乱多资。故曰:利君死者众,则人主危。故王良爱马,越王勾践爱人,为战与驰。医善吮人之伤,含人之血,非骨肉之亲也,利所加也。故舆人成舆,则欲人之富贵;匠人成棺,则欲人之夭死也。非舆人仁而匠人贼也。人不贵,则舆不售;人不死,则棺不买,情非憎人也,利在人之死也。故后妃、夫人、太子之党成而欲君之死也,君不死,则势不重,情非憎君也,利在君之死也。故人主不可以不加心于利己死者。故日月晕围于外,其贼在内,备其所憎,祸在所爱。是故明王不举不参之事,不食非常之食;远听而近视以审内外之失,省同异之言以知朋党之分,偶参伍之验以责陈言之实;执后以应前,按法以治众,众端以参观;士无幸赏,无逾行;杀必当,罪不赦。则奸邪无所容其私矣。

徭役多则民苦，民苦则权势起，权势起则复除重，复除重则贵人富。苦民以富贵人，起势以藉人臣，非天下长利也。故曰：徭役少则民安，民安则下无重权，下无重权则权势灭，权势灭则德在上矣。今夫水之胜火亦明矣，然而釜鬵间之，水煎沸竭尽其上，而火得炽盛焚其下，水失其所以胜者矣。今夫治之禁奸又明于此，然守法之臣为釜鬵之行，则法独明于胸中，而已失其所以禁奸者矣。上古之传言，《春秋》所记，犯法为逆以成大奸者，未尝不从尊贵之臣也；而法令之所以备，刑罚之所以诛，常于卑贱。是以其民绝望，无所告愬。大臣比周，蔽上为一；阴相善而阳相恶，以示无私；相为耳目，以候主隙，人主掩蔽，无道得闻；有主名而无实，臣专法而行之：周天子是也。偏借其权势，则上下易位矣，此言人臣之不可借权势(《集解》与乾道本“势”字下有一小字“也”。王先慎曰疑“权势”下有脱文，校者旁注“也”字以完句)。

南面第十八

人主之过，在已任在(顾广圻曰当衍“任”下“在”字)臣矣，又必反与其所不任者备之，此其说必与其所任者为雠，而主反制于其所不任者。今所与备人者，且曩之所备也。人主不能明法而以制大臣之威，无道得小人之信矣。人主释法而以臣备臣，则相爱者比周而相誉，相憎者朋党而相非。非誉交争，则主惑乱矣。人臣者，非名誉请谒无以进取，非背法专制无以为威，非假于忠信无以不禁，三者，惛主坏法之资也。人主使人臣虽有智能，不得背法而专制；虽有贤行，不得逾功而先劳；虽有忠信，不得释法而不禁。此之谓明法。

人主有诱于事者，有壅于言者，二者不可不察也。人臣易言事者，少索资，以事诬主，主诱而不察，因而多之，则是臣反以事制主也。如是者谓之诱，诱于事者困于患。其进言少，其退费多，虽有功，其进言不信。不信者有罪，事有功者必赏，则群臣莫敢饰言以惛主。主道者，使人臣前言不复于后，后言不复于前，事虽有功，必伏其罪，谓之任下。

人臣为主设事而恐其非也，则先出说设言曰："议是事者，妒事者也。"人主藏是言，不更听群臣；群臣畏是言，不敢议事。二势者用，则忠臣不听而誉臣独任。如是者谓之壅于言，壅于言者制于臣矣。主道者，使人臣有必言之责，又有不言之责。言无端末、辩无所验者，此言之责也；以不言避责、持重位者，此不言之责也。人主使人臣言者必知其端以责其实，不言者必问其取舍以为之责，则人臣莫敢妄言矣，又不敢默然矣，言、默则皆有责也。

人主欲为事，不通其端末，而以明其欲，有为之者，其为不得利，必以害反。知此者，任理去欲。举事有道，计其入多、其出少者，可为也。惑主不然，计其入，不计其出，出虽倍其入，不知其害，则是名得而实亡，如是者，功小而害大矣。凡功者，其入多，其出少，乃可谓功。今大费无罪而少得为功，则人臣出大费而成小功，小功成而主亦有害。

不知治者，必曰："无变古，毋易常。"变与不变，圣人不听，正治而已。然则古之无变，常之毋易，在常、古之可与不可。伊尹毋变殷，太公毋变周，则汤、武不王矣。管仲毋易齐，郭偃毋更晋，则桓、文不霸矣。凡人难变古者，惮易民之安也。夫不变古者，袭乱之迹；适民心者，恣奸之行也。民愚而不知乱，上懦而不能更，是治之失也。人主者，明能知治，严必行之，故虽拂于民心，必立其治。说在商君之内外而铁殳、重盾而豫戒也。故郭偃之始治也，文公有官卒；管仲始治也，桓公有武车：戒民之备也。是以愚赣窳堕之民，苦小费而忘大利也，故夤虎受阿谤。而辗小变而失长便，故邹贾非载旅。狎习于乱而容于治，故郑人不能归。

饰邪第十九

凿龟数策,兆曰"大吉",而以攻燕者,赵也。凿龟数策,兆曰"大吉",而以攻赵者,燕也。剧辛之事燕,无功而社稷危;邹衍之事燕,无功而国道绝。赵代先得意于燕,后得意于齐,国乱节高,自以为与秦提衡,非赵龟神而燕龟欺也。赵又尝凿龟数策而北伐燕,将劫燕以逆秦,兆曰"大吉",始攻大梁而秦出上党矣,兵至釐而六城拔矣;至阳城,秦拔邺矣;庞援揄兵而南,则鄣尽矣。臣故曰:赵龟虽无远见于燕,且宜近见于秦。秦以其"大吉",辟地有实,救燕有有名。赵以其"大吉",地削兵辱,主不得意而死。又非秦龟神而赵龟欺也。初时者,魏数年东乡攻尽陶、卫,数年西乡以失其国,此非丰隆、五行、太一、王相、摄提、六神、五括、天河、殷抢、岁星非数年在西也(王先慎曰"数"上不当有"非"字,下同),又非天缺、弧逆、刑星、荧惑、奎台非数年在东也。故曰:龟策鬼神不足举胜,左右背乡不足以专战。然而恃之,愚莫大焉。

古者先王尽力于亲民,加事于明法。彼法明,则忠臣劝;罚必,则邪臣止。忠劝邪止而地广主尊者,秦是也;群臣朋党比周以隐正道,行私曲而地削主卑者,山东是也。乱弱者亡,人之性也;治强者王,古之道也。越王勾践恃大朋之龟与吴战而不胜,身臣入宦于吴;反国弃龟,明法亲民以报吴,则夫差为擒。故恃鬼神者慢于法,恃诸侯者危其国。曹恃齐而不听宋,齐攻荆而宋灭曹。荆恃吴而不听齐,越伐吴而齐灭荆(顾广圻曰上二"荆"字皆当作"邢")。许恃荆而不听魏,荆攻宋而魏灭许。郑恃魏而不听韩,魏攻荆而韩灭郑。今者韩国小而恃大国,主慢而听秦、魏,恃齐、荆为用,而小国愈亡。故恃人不足以广壤,而韩不见也。荆为攻魏而加兵许、鄢,齐攻任、扈而削魏,不足以存郑,而韩弗知也。此皆不明其法禁以治其国,恃外以灭其社稷者也。

臣故曰：明于治之数，则国虽小，富；赏罚敬信，民虽寡，强。赏罚无度，国虽大、兵弱者，地非其地，民非其民也。无地无民，尧、舜不能以王，三代不能以强。人主又以过予，人臣又以徒取。舍法律而言先王以明古之功者，上任之以国。臣故曰：是愿古之功，以古之赏赏今之人也。主以是过予，而臣以此徒取矣。主过予，则臣偷幸；臣徒取，则功不尊。无功者受赏，则财匮而民望；财匮而民望，则民不尽力矣。故用赏过者失民，用刑过者民不畏。有赏不足以劝，有刑不足以禁，则国虽大，必危。

故曰：小知不可使谋事，小忠不可使主法。荆恭王与晋厉公战于鄢陵，荆师败，恭王伤。酣战，而司马子反渴而求饮，其友竖穀阳奉卮酒而进之。子反曰："去之！此酒也。"竖穀阳曰："非也。"子反受而饮之。子反为人嗜酒，甘之，不能绝之于口，醉而卧。恭王欲复战而谋事，使人召子反，子反辞以心疾。恭王驾而往视之，入幄中，闻酒臭而还，曰："今日之战，寡人目亲伤。所恃者司马，司马又如此，是亡荆国之社稷而不恤吾众也。寡人无与复战矣！"罢师而去之，斩子反以为大戮。故曰：竖穀阳之进酒也，非以端恶子反也，实心以忠爱之，而适足以杀之而已矣。此行小忠而贼大忠者也。故曰：小忠，大忠之贼也。若使小忠主法，则必将赦罪，赦罪以相爱，是与下安矣，然而妨害于治民者也。

当魏之方明立辟、从宪令行之时，有功者必赏，有罪者必诛，强匡天下，威行四邻；及法慢，妄予，而国日削矣。当赵之方明国律、从大军之时，人众兵强，辟地齐、燕；及国律慢，用者弱，而国日削矣。当燕之方明奉法、审官断之时，东县齐国，南尽中山之地；及奉法已亡，官断不用，左右交争，论从其下，则兵弱而地削，国制于邻敌矣。故曰：明法者强，慢法者弱。强弱如是其明矣，而世主弗为，国亡宜矣。语曰："家有常业，虽饥不饿；国有常法，虽危不亡。"夫舍常法而从私意，则臣下饰于智能；臣下饰于智能，则法禁不立矣。是妄意之道行，治国之道废也。治国之道，去害法者，则不惑于智能，不矫于名誉矣。昔者舜使吏决鸿水，先令有功而舜杀之；禹朝诸侯之君会稽之上，防风之君后至而禹斩之。以此观之，先令者杀，后令者斩，则古者先贵如令矣。故镜执清而无事，美恶从而比焉；衡执正而无事，轻重从而载焉。夫摇镜，则不得为明；摇衡，则不得为正。法之谓也。故先王以道为常，以法为本。本治者名尊，本乱者名绝。凡智能明通，有以则行，无以则止。故智能单，道不可传于人；而道法万全，智能多失。夫悬衡而知平，设规而知圆，万全之道也。明主使民饰于道之故，故佚而有功。释规而任巧，释法而任智，惑乱之道也。乱主使民饰于智，不知道之故，故劳而无功。释法禁而听请谒，群臣卖官于上，取赏于下，是以利在私家而威在群臣。故民无尽力事主之心，而务为交于上。民好上交，则货财上流，而巧说者用。若是，则有功者愈少。奸臣愈进而材臣退，则主惑而不知所行，民聚而不知所道。此废法禁、后功劳、举名誉、听请谒之失也。凡败法之人，必设诈托物以来亲，又好言天下之所希有。此暴君乱主之所以惑也，人臣贤佐之所以侵也。故人臣称伊尹、管仲之功，则背法饰智有资；称比干、子胥之忠而见杀，则疾强谏有辞。夫上称贤明，下称暴乱，不可以取类，若是者禁。君之立法，以为是也，今人臣多立其私智、以法为非者，是邪以智，过法立智。如是者禁，主之道也。

禁，主之道，必明于公私之分，明法制，去私恩。夫令必行，禁必止，人主之公义也；必行其私，信于朋友，不可为赏劝，不可为罚沮，人臣之私义也。私义行则乱，公义行则治，故公私有分。人臣有私心，有公义。修身洁白而行公行正，居官无私，人臣之公义也；污行从欲，安身利家，人臣之私心也。明主在上，则人臣去私心、行公义；乱主在上，则人臣去公义、行私心。故君臣异心：君以计畜臣，臣以计事君。君臣之交，计也。害身而利国，臣弗为也；害国而利臣，君不为也。臣之情,害身无利;君之情,害国无亲。君臣也者,以计合者也。至夫临难必死,尽智竭力,为法为之。故先王明赏以劝之,严刑以威之。赏刑明,则民尽死;民尽死,则兵强主尊。刑赏不察,则民无功而求得,有罪而幸免,则兵弱主卑。故先王贤佐尽力竭智。故曰:公私不可不明,法禁不可不审,先王知之矣。

第六卷

解老第二十

德者,内也;得者,外也。“上德不德”,言其神不淫于外也。神不淫于外,则身全。身全之谓得。得者,得身也。凡德者,以无为集,以无欲成,以不思安,以不用固。为之欲之,则德无舍;德无舍,则不全。用之思之,则不固;不固,则无功;无功,则生有德。德则无德,不德则有德。故曰:“上德不德,是以有德。”

所以贵无为无思为虚者,谓其意无所制也。夫无术者,故以无为无思为虚也。夫故以无为无思为虚者,其意常不忘虚,是制于为虚也。虚者,谓其意所无(张榜本作“无所”)制也。今制于为虚,是不虚也。虚者之无为也,不以无为为有常。不以无为为有常,则虚;虚,则德盛,德盛之谓上德。故曰:“上德无为而无不为也。”

仁者,谓其中心欣然爱人也。其喜人之有福,而恶人之有祸也;生心之所不能已也,非求其报也。故曰:“上仁为之而无以为也。”

义者,君臣上下之事,父子贵贱之差也,知交朋友之接也,亲疏内外之分也。臣事君宜,下怀上宜,子事父宜,贱敬贵宜,知交友朋之相助也宜,亲者内而疏者外宜。义者,谓其宜也,宜而为之。故曰:“上义为之而有以为也。”

礼者,所以貌情也,群义之文章也,君臣父子之交也,贵贱贤不肖之所以别也。中心怀而不谕,故疾趋卑拜以明之;实心爱而不知,故好言繁辞以信之。礼者,外饰之所以谕内也。故曰:“礼以貌情也。”凡人之为外物动也,不知其为身之礼也。众人之为礼也,以尊他人也,故时劝时衰。君子之为礼,以为其身;以为其身,故神之为上礼;上礼神而众人贰,故不能相应;不能相应,故曰:“上礼为之而莫之应。”众人虽贰,圣人之复恭敬尽手足之礼也不衰。故曰:“攘臂而仍之。”

道有积而德(顾广圻曰“德”当作“积”)有功;德者,道之功。功有实而实有光;仁者,德之光。光有泽而泽有事;义者,仁之事也。事有礼而礼有文;礼者,义之文也。故曰:“失道而后失德,失德而后失仁,失仁而后失义,失义而后失礼。”

礼为情貌者也,文为质饰者也。夫君子取情而去貌,好质而恶饰。夫恃貌而论情者,其情恶也;须饰而论质者,其质衰也。何以论之?和氏之璧,不饰以五采;隋侯之珠,不饰以银黄。其质至美,物不足以饰之。夫物之待饰而后行者,其质不美也。是以父子之间,其礼朴而不明,故曰:“礼,薄也。”凡物不并盛,阴阳是也;理相夺予,威德是也;实厚者貌薄,父子之礼是也。由是观之,礼繁者,实心衰也。然则为礼者,事通人之朴心者也。众人之为礼也,人应则轻欢,不应则责怨。今为礼者,事通人之朴心,而资之以相责之分,能毋争乎?有争则乱,故曰:“夫礼者,忠信之薄也,而乱之首乎!”

先物行、先理动之谓前识。前识者,无缘而妄(“妄”《集解》为“忘”,据乾道本改正)意度也。何以论之?詹何坐,弟子侍,有牛鸣于门外。弟子曰:“是黑牛也,而白在其题。”詹何曰:“然,是黑牛也,而白在其角。”使人视之,果黑牛而以布裹其角。以詹子之术,婴众人之心,华焉殆矣!故曰:“道之华也。”尝试释詹子之察,而使五尺之愚童子视之,亦知其黑牛而以布裹其角也。故以詹子之察,苦心伤神,而后与五尺之愚童子同功,是以曰“愚之首也”。故曰:“前识者,道之华也,而愚之首也。”

所谓“大丈夫”者,谓其智之大也。所谓“处其厚不处其薄”者,行情实而去礼貌也。所谓“处其实不处其华”者,必缘理不径绝也。

所谓“去彼取此”者，去貌、径绝而取缘理、好情实也。故曰：“去彼取此。”

人有祸，则心畏恐；心畏恐，则行端直；行端直，则思虑熟；思虑熟，则得事理。行端直，则无祸害；无祸害，则尽天年。得事理，则必成功。尽天年，则全而寿。必成功，则富与贵。全寿富贵之谓福。而福本于有祸。故曰：“祸兮福之所倚。”以成其功也。

人有福，则富贵至；富贵至，则衣食美；衣食美，则骄心生；骄心生，则行邪僻而动弃理。行邪僻，则身死夭；动弃理，则无成功。夫内有死夭之难，而外无成功之名者，大祸也。而祸本生于有福。故曰：“福兮祸之所伏。”

夫缘道理以从事者，无不能成。无不能成者，大能成天子之势尊，而小易得卿相将军之赏禄。夫弃道理而妄举动者，虽上有天子诸侯之势尊，而下有猗（“猗”《集解》为“倚”，据乾道本改正）顿、陶朱、卜祝之富，犹失其民人而亡其财资也。众人之轻弃道理而易妄举动者，不知其祸福之深大而道阔远若是也，故谕人曰：“孰知其极？”

人莫不欲富贵全寿，而未有能免于贫贱死夭之祸也。心欲富贵全寿，而今贫贱死夭，是不能至于其所欲至也。凡失其所欲之路而妄行者之谓迷，迷则不能至于其所欲至矣。今众人之不能至于其所欲至，故曰“迷”。众人之所不能至于其所欲至也，自天地之剖判以至于今。故曰：“人之迷也，其日故以久矣。”

所谓方者，内外相应也，言行相称也。所谓廉者，必生死之命也，轻恬资财也。所谓直者，义必公正，公心不偏党也。所谓光者，官爵尊贵，衣裘壮丽也。今有道之士，虽中外信顺，不以诽谤穷堕；虽死节轻财，不以侮罢羞贪；虽义端不党，不以去邪罪私；虽势尊衣美，不以夸贱欺贫。其故何也？使失路者而肯听习问知，即不成迷也。今众人之所以欲成功而反为败者，生于不知道理，而不肯问知而听能。众人不肯问知听能，而圣人强以其祸败适之，则怨。众人多而圣人寡，寡之不胜众，数也。今举动而与天下为雠，非全身长生之道也，是以行轨节而举之也。故曰："方而不割，廉而不刿，直而不肆，光而不耀。"

聪明睿智，天也；动静思虑，人也。人也者，乘于天明以视，寄于天聪以听，托于天智以思虑。故视强，则目不明；听甚，则耳不聪；思虑过度，则智识乱。目不明，则不能决黑白之分；耳不聪，则不能别清浊之声；智识乱，则不能审得失之地。目不能决黑白之色则谓之盲，耳不能别清浊之声则谓之聋，心不能审得失之地则谓之狂。盲，则不能避昼日之险；聋，则不能知雷霆之害；狂，则不能免人间法令之祸。书之所谓"治人"者，适动静之节，省思虑之费也。所谓"事天"者，不极聪明之力，不尽智识之任。苟极尽，则费神多；费神多，则盲聋悖狂之祸至，是以啬之。啬之者，爱其精神，啬其智识也。故曰："治人事天莫如啬。"

众人之用神也躁，躁则多费，多费之谓侈。圣人之用神也静，静则少费，少费之谓啬。啬之谓术也，生于道理。夫能啬也，是从于道而服于理者也。众人离于患，陷于祸，犹未知退，而不服从道理。圣人虽未见祸患之形，虚无服从于道理，以称蚤服。故曰："夫谓啬，是以蚤服。"

知治人者，其思虑静；知事天者，其孔窍虚。思虑静，故德不去；孔窍虚，则和气日入。故曰："重积德。"夫能令故德不去、新和气日至者，蚤服者也。故曰："蚤服是谓重积德。"积德而后神静，神静而后和多，和多而后计得，计得而后能御万物，能御万物则战易胜敌，战易胜敌而论必盖世，论必盖世，故曰"无不克"。无不克本于重积德，故曰"重积德则无不克"。战易胜敌，则兼有天下；论必盖世，则民人从。进兼天下而退从民人，其术远，则众人莫见其端末。莫见其端末，是以莫知其极。故曰："无不克，则莫知其极。"

凡有国而后亡之,有身而后殃之,不可谓能有其国、能保其身。夫能有其国,必能安其社稷;能保其身,必能终其天年;而后可谓能有其国,能保其身矣。夫能有其国、保其身者,必且体道。体道,则其智深;其智深,则其会远;其会远,众人莫能见其所极。唯夫能令人不见其事极,不见其事极者为能保其身、有其国。故曰:"莫知其极,莫知其极则可以有国。"

所谓"有国之母":母者,道也;道也者,生于所以有国之术;所以有国之术,故谓之"有国之母"。夫道以与世周旋者,其建生也长,持禄也久。故曰:"有国之母,可以长久。"树木有曼根,有直根。根者,书之所谓"柢"也。柢也者,木之所以建生也;曼根者,木之所以持生也。德也者,人之所以建生也;禄也者,人之所以持生也。今建于理者,其持禄也久,故曰"深其根"。体其道者,其生日长,故曰"固其柢"。柢固,则生长;根深,则视久。故曰:"深其根,固其柢,长生久视之道也。"

工人数变业则失其功,作者数摇徙则亡其功。一人之作,日亡半日,十日则亡五人之功矣;万人之作,日亡半日,十日则亡五万人之功矣。然则数变业者,其人弥众,其亏弥大矣。凡法令更则利害易,利害易则民务变,民务变谓之变业。故以理观之,事大众而数摇之,则少成功;藏大器而数徙之,则多败伤;烹小鲜而数挠之,则贼其宰;治大国而数变法,则民苦之。是以有道之君贵虚静,而("而"乾道本作"不",王先慎据《群书治要》《艺文类聚》改,未妥)重变法。故曰:"治大国者若烹小鲜。"

人处疾则贵医,有祸则畏鬼。圣人在上,则民少欲;民少欲,则血气治而举动理;举动理,则少祸害。夫内无痤疽瘅痔之害,而外无刑罚法诛之祸者,其轻恬鬼也甚。故曰:"以道莅天下,其鬼不神。"治世之民,不与鬼神相害也。故曰:"非其鬼不神也,其神不伤人也。"鬼祟也疾人之谓鬼伤人,人逐除之之谓人伤鬼也。民犯法令之谓民伤上，上刑戮民之谓上伤民。民不犯法，则上亦不行刑；上不行刑之谓上不伤人。故曰："圣人亦不伤民。"上不与民相害，而人不与鬼相伤，故曰："两不相伤。"民不敢犯法，则上内不用刑罚，而外不事利其产业。上内不用刑罚，而外不事利其产业，则民蕃息。民蕃息而蓄积盛。民蕃息而蓄积盛之谓有德。凡所谓祟者，魂魄去而精神乱，精神乱则无德。鬼不祟人则魂魄不去，魂魄不去则精神不乱，精神不乱之谓有德。上盛蓄积而鬼不乱其精神，则德尽在于民矣。故曰："两不相伤，则德交归焉。"言其德上下交盛而俱归于民也。

有道之君，外无怨雠于邻敌，而内有德泽于人民。夫外无怨雠于邻敌者，其遇诸侯也外有礼义；内有德泽于人民者，其治人事也务本。遇诸侯有礼义，则役希起；治民事务本，则淫奢止。凡马之所以大用者，外供甲兵而内给淫奢也。今有道之君，外希用甲兵，而内禁淫奢。上不事马于战斗逐北，而民不以马远通淫物，所积力唯田畴。积力于田畴，必且粪灌。故曰："天下有道，却走马以粪也。"

人君者无道，则内暴虐其民，而外侵欺其邻国。内暴虐，则民产绝；外侵欺，则兵数起。民产绝，则畜生少；兵数起，则士卒尽。畜生少，则戎马乏；士卒尽，则军危殆。戎马乏，则将（顾广圻曰"将"当作"牸"）马出；军危殆，则近臣役。马者，军之大用；郊者，言其近也。今所以给军之具于将马近臣。故曰："天下无道，戎马生于郊矣。"

人有欲，则计会乱；计会乱，而有欲甚；有欲甚，则邪心胜；邪心胜，则事经绝；事经绝，则祸难生。由是观之，祸难生于邪心，邪心诱于可欲。可欲之类，进则教良民为奸，退则令善人有祸。奸起，则上侵弱君；祸至，则民人多伤。然则可欲之类，上侵弱君而下伤人民。夫上侵弱君而下伤人民者，大罪也。故曰"祸莫大于可欲"。是以圣人不引五色，不淫于声乐；明君贱玩好而去淫丽。人无毛羽，不衣则不犯寒；上不属天而下不著地，以肠胃为根本，不食则不能活。是以不免于欲利之心。欲利之心不除，其身之忧也。故圣人衣足以犯寒，食足以充虚，则不忧矣。众人则不然，大为诸侯，小馀千金之资，其欲得之忧不除也。胥靡有免，死罪时活，今不知足者之忧终身不解。故曰："祸莫大于不知足。"故欲利甚于忧，忧则疾生，疾生而智慧衰。智慧衰，则失度量；失度量，则妄举动；妄举动，则祸害至。祸害至而疾婴内。疾婴内，则痛；祸薄外，则苦。苦痛杂于肠胃之间，则伤人也憯。憯则退而自咎，退而自咎也生于欲利。故曰："咎莫憯于欲利。"

道者，万物之所然也，万理之所稽也。理者，成物之文也；道者，万物之所以成也。故曰：道，理之者也。物有理，不可以相薄；物有理不可以相薄，故理之为物之制。万物各异理，万物各异理而道尽。稽万物之理，故不得不化；不得不化，故无常操；无常操，是以死生气禀焉，万智斟酌焉，万事废兴焉。天得之以高，地得之以藏，维斗得之以成其威，日月得之以恒其光，五常得之以常其位，列星得之以端其行，四时得之以御其变气，轩辕得之以擅四方，赤松得之与天地统，圣人得之以成文章。道，与尧、舜俱智，与接舆俱狂，与桀、纣俱灭，与汤、武俱昌。以为近乎，游于四极；以为远乎，常在吾侧。以为暗乎，其光昭昭；以为明乎，其物冥冥。而功成天地，和化雷霆，宇内之物，恃之以成。凡道之情，不制不形，柔弱随时，与理相应。万物得之以死，得之以生；万事得之以败，得之以成。道譬诸若水，溺者多饮之即死，渴者适饮之即生；譬之若剑戟，愚人以行忿则祸生，圣人以诛暴则福成。故得之以死，得之以生，得之以败，得之以成。

人希见生象也，而得死象之骨，案其图以想其生也，故诸人之所以意想者皆谓之"象"也。今道虽不可得闻见，圣人执其见功以处见其形，故曰："无状之状，无物之象。"

凡理者，方圆、短长、粗靡、坚脆之分也，故理定而后物可得道也。故定理有存亡，有死生，有盛衰。夫物之一存一亡，乍死乍生，初盛而后衰者，不可谓常。唯夫与天地之剖判也俱生，至天地之消散也不死不衰者谓“常”。而常者,无攸易,无定理。无定理,非在于常,是以不可道也。圣人观其玄虚,用其周行,强字之曰“道”,然而可论。故曰:“道之可道,非常道也。”

人始于生而卒于死。始之谓出,卒之谓入。故曰:“出生入死。”人之身三百六十节,四肢,九窍,其大具也。四肢与九窍十有三者,十有三者之动静尽属于生焉。属之谓徒也,故曰:“生之徒也十有三者。”至其死也,十有三具者皆还而属之于死,死之徒亦有十三,故曰:“生之徒十有三,死之徒十有三。”凡民之生生,而生者固动,动尽则损也;而动不止,是损而不止也。损而不止,则生尽;生尽之谓死,则十有三具者皆为死死地也。故曰:“民之生生而动,动皆之死地,亦十有三。”是以圣人爱精神而贵处静,此甚大于兕虎之害。夫兕虎有域,动静有时,避其域,省其时,则免其兕虎之害矣。民独知兕虎之有爪角也,而莫知万物之尽有爪角也,不免于万物之害。何以论之?时雨降集,旷野闲静,而以昏晨犯山川,则风露之爪角害之。事上不忠,轻犯禁令,则刑法之爪角害之。处乡不节,憎爱无度,则争斗之爪角害之。嗜欲无限,动静不节,则痤疽之爪角害之。好用其私智而弃道理,则网罗之爪角害之。兕虎有域,而万害有原,避其域,塞其原,则免于诸害矣。凡兵革者,所以备害也。重生者,虽入军无忿争之心;无忿争之心,则无所用救害之备。此非独谓野处之军也。圣人之游世也,无害人之心;无害人之心,则必无人害;无人害,则不备人,故曰:“陆行不遇兕虎。”入山不恃备以救害,故曰:“入军不备甲兵。”远诸害,故曰:“兕无所投其角,虎无所错其爪,兵无所容其刃。”不设备而必无害,天地之道理也。体天地之道,故曰:“无死地焉。”动无死地,而谓之“善摄生”矣。

爱子者慈于子,重生者慈于身,贵功者慈于事。慈母之于弱子也,务致其福。务致其福,则事除其祸;事除其祸,则思虑熟。思虑熟,则得事理;得事理,则必成功。必成功,则其行之也不疑,不疑之谓勇。圣人之于万事也，尽如慈母之为弱子虑也，故见必行之道。见必行之道，则其从事亦不疑，不疑之谓勇。不疑生于慈，故曰："慈，故能勇。"

周公曰："冬日之闭冻也不固，则春夏之长草木也不茂。"天地不能常侈常费，而况于人乎？故万物必有盛衰，万事必有弛张，国家必有文武，官治必有赏罚。是以智士俭用其财则家富，圣人爱宝其神则精盛，人君重战其卒则民众，民众则国广。是以举之曰："俭，故能广。"

凡物之有形者易裁也，易割也。何以论之？有形，则有短长；有短长；则有小大；有小大，则有方圆；有方圆，则有坚脆；有坚脆，则有轻重；有轻重，则有白黑。短长、大小、方圆、坚脆、轻重、白黑之谓理，理定而物易割也。故议于大庭而后言则立，权议之士知之矣。故欲成方圆而随其规矩，则万事之功形矣。而万物莫不有规矩，议言之士，计会规矩也。圣人尽随于万物之规矩，故曰："不敢为天下先。"不敢为天下先，则事无不事，功无不功，而议必盖世，欲无处大官，其可得乎？处大官之谓为成事长。是以故曰："不敢为天下先，故能为成事长。"

慈于子者不敢绝衣食，慈于身者不敢离法度，慈于方圆者不敢舍规矩。故临兵而慈于士吏则战胜敌，慈于器械则城坚固。故曰："慈，于战则胜，以守则固。"夫能自全也而尽随于万物之理者，必且有天生。天生也者，生心也，故天下之道尽之生也。若以慈卫之也，事必万全，而举无不当，则谓之宝矣。故曰："吾有三宝，持而宝之。"

书之所谓"大道"也者，端道也。所谓貌"施"也者，邪道也。所谓"径"大也者，佳丽也。佳丽也者，邪道之分也。"朝甚除"也者，狱讼繁也。狱讼繁，则田荒；田荒，则府仓虚；府仓虚，则国贫；国贫，而民俗淫侈。民俗淫侈，则衣食之业绝；衣食之业绝，则民不得无饰巧诈。饰巧诈，则知采文，知采文之谓"服文采"。狱讼繁、仓廪虚，而有以淫侈为俗,则国之伤也若以利剑刺之。故曰:“带利剑。”诸夫饰智故以至于伤国者,其私家必富。私家必富,故曰:“资货有馀。”国有若是者,则愚民不得无术而效之;效之,则小盗生。由是观之,大奸作则小盗随,大奸唱则小盗和。竽也者,五声之长者也,故竽先则钟瑟皆随,竽唱则诸乐皆和。今大奸作则俗之民唱,俗之民唱则小盗必和。故服文采,带利剑,厌饮食,而资货有馀者,是之谓盗竽矣。

人无愚智,莫不有趋舍。恬淡平安,莫不知祸福之所由来。得于好恶,怵于淫物,而后变乱。所以然者,引于外物,乱于玩好也。恬淡有趋舍之义,平安知祸福之计。而今也玩好变之,外物引之,引之而往,故曰“拔”。至圣人不然:一建其趋舍,虽见所好之物,不能引,不能引之谓“不拔”;一于其情,虽有可欲之类,神不为动,神不为动之谓“不脱”。为人子孙者,体此道以守宗庙不灭之谓“祭祀不绝”。身以积精为德,家以资财为德,乡国天下皆以民为德。今治身而外物不能乱其精神,故曰:“修之身,其德乃真。”真者,慎之固也。治家者,无用之物不能动其计,则资有馀,故曰:“修之家,其德有馀。”治乡者行此节,则家之有馀者益众,故曰:“修之乡,其德乃长。”治邦者行此节,则乡之有德者益众,故曰:“修之邦,其德乃丰。”莅天下者行此节,则民之生莫不受其泽,故曰:“修之天下,其德乃普。”修身者以此别君子小人,治乡治邦莅天下者,各以此科适观息耗,则万不失一。故曰:“以身观身,以家观家,以乡观乡,以邦观邦,以天下观天下。吾奚以知天下之然也?以此。”

第七卷

喻老第二十一

天下有道，无急患，则曰静，遽传不用。故曰："却走马以粪。"天下无道，攻击不休，相守数年不已，甲胄生虮虱，燕雀处帷幄，而兵不归。故曰："戎马生于郊。"

翟人有献丰狐、玄豹之皮于晋文公，文公受客皮而叹曰："此以皮之美自为罪。"夫治国者以名号为罪，徐偃王是也。以城与地为罪，虞、虢是也。故曰："罪莫大于可欲。"

智伯兼范、中行而攻赵不已，韩、魏反之，军败晋阳，身死高梁之东，遂卒被分，漆其首以为溲器。故曰："祸莫大于不知足。"

虞君欲屈产之乘与垂棘之璧，不听宫之奇，故邦亡身死。故曰："咎莫憯于欲得。"

邦以存为常，霸王其可也；身以生为常，富贵其可也。不欲自害，则邦不亡，身不死。故曰："知足之为足矣。"

楚庄王既胜，狩于河雍，归而赏孙叔敖。孙叔敖请汉间之地，沙石之处。楚邦之法，禄臣再世而收地，唯孙叔敖独在。此不以其邦为收者，瘠也，故九世而祀不绝。故曰："善建不拔，善抱不脱，子孙以其祭祀世世不辍。"孙叔敖之谓也。

制在己曰重，不离位曰静。重，则能使轻；静，则能使躁。故曰："重为轻根，静为躁君。"故曰"君子终日行不离辎重"也。邦者，人君之辎重也。主父生传其邦，此离其辎重者也。故虽有代、云中之乐，超然已无赵矣。主父，万乘之主，而以身轻于天下。无势之谓轻，离位之谓躁，是以生幽而死。故曰：“轻则失臣，躁则失君。”主父之谓也。

势重者，人君之渊也。君人者，势重于人臣之间，失则不可复得也。简公失之于田成，晋公失之于六卿，而邦亡身死。故曰：“鱼不可脱于深渊。”赏罚者，邦之利器也。在君，则制臣；在臣，则胜君。君见赏，臣则损之以为德；君见罚，臣则益之以为威。人君见赏，而人臣用其势；人君见罚，而人臣乘其威。故曰：“邦之利器，不可以示人。”

越王入宦于吴，而观之伐齐以弊吴。吴兵既胜齐人于艾陵，张之于江、济，强之于黄池，故可制于五湖。故曰：“将欲翕之，必固张之；将欲弱之，必固强之。”晋献公将欲袭虞，遗之以璧、马；知伯将袭仇由，遗之以广车。故曰：“将欲取之，必固与之。”起事于无形，而要大功于天下，“是谓微明”。处小弱而重自卑，谓“损弱胜强”（帛书《老子》乙本作“柔弱胜强”）也。

有形之类，大必起于小；行久之物，族必起于少。故曰：“天下之难事必作于易，天下之大事必作于细。”是以欲制物者于其细也。故曰：“图难于其易也，为大于其细也。”千丈之堤以蝼蚁之穴溃，百尺之室以突隙之烟焚。故曰：白圭之行堤也塞其穴，丈人之慎火也涂其隙。是以白圭无水难，丈人无火患。此皆慎易以避难、敬细以远大者也。扁鹊见蔡桓公，立有间。扁鹊曰：“君有疾在腠理，不治将恐深。”桓侯曰：“寡人无疾。”扁鹊出。桓侯曰：“医之好治不病以为功。”居十日，扁鹊复见曰：“君之病在肌肤，不治将益深。”桓侯不应。扁鹊出。桓侯又不悦。居十日，扁鹊复见曰：“君之病在肠胃，不治将益深。”桓侯又不应。扁鹊出。桓侯又不悦。居十日，扁鹊望桓侯而还走，桓侯故使人问之。扁鹊曰：“疾在腠理，汤熨之所及也；在肌肤，针石之所及也；在肠胃，火齐之所及也；在骨髓，司命之所属，无奈何也。今在骨髓，臣是以无请也。”居五日，桓侯体痛，使人索扁鹊,已逃秦矣。桓侯遂死。故良医之治病也,攻之于腠理。此皆争之于小者也。夫事之祸福亦有腠理之地,故曰:“圣人蚤从事焉。”

昔晋公子重耳出亡,过郑,郑君不礼。叔瞻谏曰:“此贤公子也,君厚待之,可以积德。”郑君不听。叔瞻又谏曰:“不厚待之,不若杀之,无令有后患。”郑公又不听。及公子返晋邦,举兵伐郑,大破之,取八城焉。晋献公以垂棘之璧假道于虞而伐虢,大夫宫之奇谏曰:“不可。唇亡而齿寒,虞、虢相救,非相德也。今日晋灭虢,明日虞必随之亡。”虞君不听,受其璧而假之道。晋已取虢,还,反灭虞。此二臣者皆争于腠理者也,而二君不用也。然则叔瞻、宫之奇亦虞、郑之扁鹊也,而二君不听,故郑以破,虞以亡。故曰:“其安易持也,其未兆易谋也。”

昔者纣为象箸而箕子怖,以为象箸必不加于土铏,必将犀玉之杯;象箸玉杯必不羹菽藿,则必旄、象、豹胎;旄、象、豹胎必不衣短褐而食于茅屋之下,则锦衣九重,广室高台。吾畏其卒,故怖其始。居五年,纣为肉圃,设炮烙,登糟邱,临酒池,纣遂以亡。故箕子见象箸以知天下之祸,故曰:“见小曰明。”

句践入宦于吴,身执干戈为吴王洗马,故能杀夫差于姑苏。文王见詈于王门,颜色不变,而武王擒纣于牧野。故曰:“守柔曰强。”越王之霸也不病宦,武王之王也不病詈。故曰:“圣人之不病也,以其不病,是以无病也。”

宋之鄙人得璞玉而献之子罕,子罕不受。鄙人曰:“此宝也,宜为君子器,不宜为细人用。”子罕曰:“尔以玉为宝,我以不受子玉为宝。”是鄙人欲玉,而子罕不欲玉。故曰:“欲不欲,而不贵难得之货。”

王寿负书而行,见徐冯于周。涂冯曰:“事者,为也;为生于时,知者无常事。书者,言也;言生于知,知者不藏书。今子何独负之而行?”于是王寿因焚其书而舞之。故知者不以言谈教,而慧者不以藏书箧。此世之所过也，而王寿复之，是学不学也。故曰："学不学，复归众人之所过也。"

夫物有常容，因乘以导之。因随物之容，故静则建乎德，动则顺乎道。宋人有为其君以象为楮叶者，三年而成。丰杀茎柯，毫芒繁泽，乱之楮叶之中而不可别也。此人遂以功食禄于宋邦。列子闻之曰："使天地三年而成一叶，则物之有叶者寡矣。"故不乘天地之资而载一人之身，不随道理之数而学一人之智，此皆一叶之行也。故冬耕之稼，后稷不能羡也；丰年大禾，臧获不能恶也。以一人力，则后稷不足；随自然，则臧获有馀。故曰："恃万物之自然而不敢为也。"

空窍者，神明之户牖也，耳目竭于声色，精神竭于外貌，故中无主。中无主，则祸福虽如丘山，无从识之。故曰："不出于户，可以知天下；不窥于牖，可以知天道。"此言神明之不离其实也。

赵襄主学御于王子於期，俄而与於期逐，三易马而三后。襄主曰："子之教我御，术未尽也？"对曰："术已尽，用之则过也。凡御之所贵：马体安于车，人心调于马，而后可以进速致远。今君后则欲逮臣，先则恐逮于臣。夫诱道争远，非先则后也。而先后心在于臣，上何以调于马？此君之所以后也。"白公胜虑乱，罢朝，倒杖而策锐贯颐，血流至于地而不知。郑人闻之曰："颐之忘，将何为忘哉？"故曰："其出弥远者，其智弥少。"此言智周乎远，则所遗在近也。是以圣人无常行也。能并智，故曰："不行而知。"能并视，故曰："不见而明。"随时以举事，因资而立功，用万物之能而获利其上，故曰："不为而成。"

楚庄王莅政三年，无令发，无政为也。右司马御座，而与王隐曰："有鸟止南方之阜，三年不翅，不飞不鸣，嘿然无声，此为何名？"王曰："三年不翅，将以长羽翼；不飞不鸣，将以观民则。虽无飞，飞必冲天；虽无鸣，鸣必惊人。子释之，不穀知之矣。"处半年，乃自听政。所废者十，所起者九，诛大臣五，举处士六，而邦大治。举兵诛齐,败之徐州,胜晋于河雍,合诸侯于宋,遂霸天下。庄王不为小害善,故有大名;不蚤见示,故有大功。故曰:“大器晚成,大音希声。”

楚庄王欲伐越,庄子谏曰:“王之伐越,何也?”曰:“政乱兵弱。”庄子曰:“臣患智之如目也:能见百步之外而不能自见其睫。王之兵自败于秦、晋,丧地数百里,此兵之弱也;庄跻为盗于境内而吏不能禁,此政之乱也。王之弱乱,非越之下也,而欲伐越,此智之如目也。”王乃止。故知之难,不在见人,在自见。故曰:“自见之谓明。”

子夏见曾子。曾子曰:“何肥也?”对曰:“战胜,故肥也。”曾子曰:“何谓也?”子夏曰:“吾入见先王之义,则荣之;出见富贵之乐,又荣之。两者战于胸中,未知胜负,故臞。今先王之义胜,故肥。”是以志之难也,不在胜人,在自胜也。故曰:“自胜之谓强。”

周有玉版,纣令胶鬲索之,文王不予;费仲来求,因予之。是胶鬲贤而费仲无道也。周恶贤者之得志也,故予费仲。文王举太公于渭滨者,贵之也;而资费仲玉版者,是爱之也。故曰:“不贵其师,不爱其资,虽知大迷,是谓要妙。”

说林上第二十二

汤以伐桀,而恐天下言己为贪也,因乃让天下于务光。而恐务光之受之也,乃使人说务光曰:“汤杀君而欲传恶声于子,故让天下于子。”务光因自投于河。

秦武王令甘茂择所欲为于仆与行事。孟卯曰:“公不如为仆。公所长者,使也。公虽为仆,王犹使之于公也。公佩仆玺而为行事,是兼官也。”

子圉见孔子于商太宰。孔子出,子圉入,请问客。太宰曰:“吾已见孔子,则视子犹蚤虱之细者也。吾今见之于君。”子圉恐孔子贵于君也,因谓太宰曰:“君已见孔子,亦将视子犹蚤虱也。”太宰因弗复见也。

魏惠王为臼里之盟，将复立于天子。彭喜谓郑君曰：“君勿听。大国恶有天子，小国利之。若君与大不听，魏焉能与小立之？”

晋人伐邢，齐桓公将救之。鲍叔曰：“太蚤。邢不亡，晋不敝；晋不敝，齐不重。且夫持危之功，不如存亡之德大。君不如晚救之以敝晋，齐实利。待邢亡而复存之，其名实美。”桓公乃弗救。

子胥出走，边候得之。子胥曰：“上索我者，以我有美珠也。今我已亡之矣。我且曰：‘子取吞之。’”候因释之。

庆封为乱于齐而欲走越。其族人曰：“晋近，奚不之晋？”庆封曰：“越远，利以避难。”族人曰：“变是心也，居晋而可；不变是心也，虽远越，其可以安乎？”

智伯索地于魏宣子，魏宣子弗予。任章曰：“何故不予？”宣子曰：“无故请地，故弗予。”任章曰：“无故索地，邻国必恐。彼重欲无厌，天下必惧。君予之地，智伯必骄而轻敌，邻邦必惧而相亲。以相亲之兵待轻敌之国，则智伯之命不长矣。《周书》曰：‘将欲败之，必姑辅之；将欲取之，必姑予之。’君不如予之以骄智伯。且君何释以天下图智氏，而独以吾国为智氏质乎？”君曰：“善。”乃与之万户之邑。智伯大悦，因索地于赵，弗与，因围晋阳。韩、魏反之外，赵氏应之内，智氏自亡。

秦康公筑台三年。荆人起兵，将欲以兵攻齐。任妄曰：“饥召兵，疾召兵，劳召兵，乱召兵。君筑台三年，今荆人起兵将攻齐，臣恐其攻齐为声，而以袭秦为实也，不如备之。”戍东边，荆人辍行。

齐攻宋，宋使臧孙子南求救于荆。荆大说，许救之，甚欢（顾广圻曰“欢”当从《策》作“劝”）。臧孙子忧而反。其御曰：“索救而得，今子有忧色，何也？”臧孙子曰：“宋小而齐大。夫救小宋而恶于大齐，此人之所以忧也，而荆王说，必以坚我也。我坚而齐敝，荆之所利也。”臧孙子乃归。齐人拔五城于宋而荆救不至。

魏文侯借道于赵而攻中山，赵肃侯将不许，赵刻曰："君过矣。魏攻中山而弗能取，则魏必罢，罢则魏轻，魏轻则赵重。魏拔中山，必不能越赵而有中山也。是用兵者，魏也；而得地者，赵也。君必许之，而大欢，彼将知君利之也，必将辍行。君不如借之道，示以不得已也。"

鸱夷子皮事田成子。田成子去齐，走而之燕，鸱夷子皮负传而从。至望邑，子皮曰："子独不闻涸泽之蛇乎？泽涸，蛇将徙。有小蛇谓大蛇曰：'子行而我随之，人以为蛇之行者耳，必有杀子者。子不如相衔负我以行，人必以我为神君也。'乃相衔负以越公道而行。人皆避之，曰：'神君也。'今子美而我恶，以子为我上客，千乘之君也；以子为我使者，万乘之卿也。子不如为我舍人。"田成子因负传而随之。至逆旅，逆旅之君待之甚敬，因献酒肉。

温人之周，周不纳客。问之曰："客耶？"对曰："主人。"问其巷而不知也，吏因囚之，君使人问之曰："子非周人也，而自谓非客，何也？"对曰："臣少也诵《诗》曰：'普天之下，莫非王土；率土之滨，莫非王臣。'今君天子，则我天子之臣也。岂有为人之臣而又为之客哉？故曰'主人'也。"君使出之。

韩宣王谓樛留曰："吾欲两用公仲、公叔，其可乎？"对曰："不可。晋用六卿而国分；简公两用田成、阚止，而简公杀；魏两用犀首、张仪，而西河之外亡。今王两用之，其多力者树其党，寡力者借外权。群臣有内树党以骄主内（赵用贤本无后一"内"字），有外为交以削地，则王之国危矣。"

绍绩昧醉寐而亡其裘。宋君曰："醉足以亡裘乎？"对曰："桀以醉亡天下，而《康诰》曰：'毋彝酒。'彝酒者，常酒也。常酒者，天子失天下，匹夫失其身。"

管仲、隰朋从桓公伐孤竹，春往冬反，迷惑失道。管仲曰："老马之智可用也。"乃放老马而随之，遂得道。行山中无水，隰朋曰："蚁冬居山之阳，夏居山之阴。蚁壤寸而有水。”乃掘地，遂得水。以管仲之圣而隰朋之智，至其所不知，不难师于老马与蚁。今人不知以其愚心而师圣人之智，不亦过乎？

有献不死之药于荆王者，谒者操之以入。中射之士问曰：“可食乎？”曰：“可。”因夺而食之。王大怒，使人杀中射之士。中射之士使人说王曰：“臣问谒者，曰‘可食’，臣故食之，是臣无罪，而罪在谒者也。且客献不死之药，臣食之而王杀臣，是死药也，是客欺王也。夫杀无罪之臣，而明人之欺王也，不如释臣。”王乃不杀。

田驷欺邹君，邹君将使人杀之。田驷恐，告惠子。惠子见邹君曰：“今有人见君，则眣其一目，奚如？”君曰：“我必杀之。”惠子曰：“瞽，两目眣，君奚为不杀？”君曰：“不能勿眣。”惠子曰：“田驷东欺齐侯，南欺荆王。驷之于欺人，瞽也，君奚怨焉？”邹君乃不杀。

鲁穆公使众公子或宦于晋，或宦于荆。犁鉏曰：“假人于越而救溺子，越人虽善游，子必不生矣。失火而取水于海，海水虽多，火必不灭矣，远水不救近火也。今晋与荆虽强，而齐近，鲁患其不救乎？”

严遂不善周君，患之。冯沮曰：“严遂相，而韩傀贵于君。不如行贼于韩傀，则君必以为严氏也。”

张谴相韩，病将死。公乘无正怀三十金而问其疾。居一月，公自问张谴曰：“若子死，将谁使代子？”答曰：“无正重法而畏上，虽然，不如公子食我之得民也。”张谴死，因相公乘无正。

乐羊为魏将而攻中山，其子在中山。中山之君烹其子而遗之羹，乐羊坐于幕下而啜之，尽一杯。文侯谓堵师赞曰：“乐羊以我故而食其子之肉。”答曰：“其子而食之，且谁不食？”乐羊罢中山，文侯赏其功而疑其心。孟孙猎，得麑，使秦西巴持之归，其母随之而啼。秦西巴弗忍而与之。孟孙适，至而求麑。答曰：“余弗忍而与其母。”孟孙大怒，逐之。居三月，复召以为其子傅。其御曰：“曩将罪之，今召以为子傅，何也？”孟孙曰：“夫不忍麑，又且忍吾子乎？”故曰：“巧诈不如拙诚。”乐羊以有功见疑，秦西巴以有罪益信。

曾从子，善相剑者也。卫君怨吴王，曾从子曰：“吴王好剑，臣相剑者也，臣请为吴王相剑，拔而示之，因为君刺之。”卫君曰：“子为之是也，非缘义也，为利也。吴强而富，卫弱而贫。子必往，吾恐子为吴王用之于我也。”乃逐之。

纣为象箸而箕子怖，以为象箸必不盛羹于土铏，则必犀玉之杯；玉杯象箸必不盛菽藿，则必旄、象、豹胎；旄、象、豹胎必不衣短褐而舍茅茨之下，则必锦衣九重、高台广室也。称此以求，则天下不足矣。圣人见微以知萌，见端以知末，故见象箸而怖，知天下不足也。

周公旦已胜殷，将攻商、盖。辛公甲曰：“大难攻，小易服。不如服众小以劫大。”乃攻九夷而商、盖服矣。

纣为长夜之饮，惧（顾广圻曰“惧”当作“懽”）以失日，问其左右，尽不知也。乃使人问箕子。箕子谓其徒曰：“为天下主而一国皆失日，天下其危矣。一国皆不知而我独知之，吾其危矣。”辞以醉而不知。

鲁人身善织屦，妻善织缟，而欲徙于越。或谓之曰：“子必穷矣。”鲁人曰：“何也？”曰：“屦为履之也，而越人跣行；缟为冠之也，而越人被发。以子之所长，游于不用之国，欲使无穷，其可得乎？”

陈轸贵于魏王，惠子曰：“必善事左右。夫杨，横树之即生，倒树之即生，折而树之又生。然使十人树之而一人拔之，则毋生杨矣。至以十人之众，树易生之物，而不胜一人者，何也？树之难而去之易也。子虽工自树于王，而欲去子者众，子必危矣。”

鲁季孙新弑其君，吴起仕焉。或谓起曰：“夫死者，始死而血，已血而衄，已衄而灰，已灰而土。及其土也，无可为者矣。今季孙乃始血，其毋乃未可知也。”吴起因去之晋。

隰斯弥见田成子，田成子与登台四望，三面皆畅，南望，隰子家之树蔽之，田成子亦不言。隰子归，使人伐之，斧离数创，隰子止之。

其相室曰："何变之数也？"隰子曰："古者有谚曰：'知渊中之鱼者不祥。'夫田子将有大事，而我示之知微，我必危矣。不伐树，未有罪也；知人之所不言，其罪大矣。"乃不伐也。

杨子过于宋东之逆旅，有妾二人，其恶者贵，美者贱。杨子问其故，逆旅之父答曰："美者自美，吾不知其美也；恶者自恶，吾不知其恶也。"杨子谓弟子曰："行贤而去自贤之心，焉往而不美？"

卫人嫁其子而教之曰："必私积聚。为人妇而出，常也；其成居，幸也。"其子因私积聚，其姑以为多私而出之。其子所以反者，倍其所以嫁。其父不自罪于教子非也，而自知其益富。令（"令"赵用贤本作"今"）人臣之处官者，皆是类也。

鲁丹三说中山之君而不受也，因散五十金事其左右。复见，未语，而君与之食。鲁丹出，不反舍，遂去中山。其御曰："及（"及"乾道本作"反"，王先慎据顾广圻校说改）见，乃始善我。何故去之？"鲁丹曰："夫以人言善我，必以人言罪我。"未出境，而公子恶之曰："为赵来间中山。"君因索而罪之。

田伯鼎好士而存其君，白公好士而乱荆。其好士则同，其所以为则异。公孙友自刖而尊百里，竖刁自宫而滔（"滔"当为"谄"字）桓公。其自刑则同，其所以自刑之为则异。慧子曰："狂者东走，逐者亦东走。其东走则同，其所以东走之为则异。故曰：'同事之人，不可不审察也。'"

第八卷

说林下第二十三

伯乐教二人相踶马，相与之简子厩观马。一人举踶马。其一人举踶马，其一人从后而循之，三抚其尻而马不踶。此自以为失相。其一人曰："子非失相也。此其为马也，踒肩而肿膝。夫踶马也者，举后而任前，肿膝不可任也，故后不举。子巧于相踶马而拙于任肿膝。"夫事有所必归，而以有所肿膝而不任，智者之所独知也。惠子曰："置猿于柙中，则与豚同。"故势不便，非所以逞能也。

卫将军文子见曾子，曾子不起而延于坐席，正身见于奥。文子谓其御曰："曾子，愚人也哉！以我为君子也，君子安可毋敬也？以我为暴人也，暴人安可侮也？曾子不僇，命也。"

鸟有翢翢者，重首而屈尾，将欲饮于河，则必颠，乃衔其羽而饮之。人之所有饮不足者，不可不索其羽也。

鳣似蛇，蚕似蠋。人见蛇，则惊骇；见蠋，则毛起。渔者持鳣，妇人拾蚕，利之所在，皆为贲、诸。

伯乐教其所憎者相千里之马，教其所爱者相驽马。以千里之马时一有，其利缓；驽马日售，其利急。此《周书》所谓"下言而上用者，惑也"。

桓赫曰："刻削之道，鼻莫如大，目莫如小。鼻大可小，小不可大也；目小可大，大不可小也。"举事亦然：为其后可复者也，则事寡败矣。

崇侯、恶来知不适纣之诛也，而不见武王之灭之也。比干、子胥知其君之必亡也，而不知身之死也。故曰："崇侯、恶来知心而不知事，比干、子胥知事而不知心。"圣人其备矣。

宋太宰贵而主断。季子将见宋君，梁子闻之曰："语必可与太宰三坐乎，不然，将不免。"季子因说以贵主而轻国。

杨朱之弟杨布衣素衣而出。天雨，解素衣，衣缁衣而反，其狗不知而吠之。杨布怒，将击之。杨朱曰："子毋击也，子亦犹是。曩者使女狗白而往，黑而来，子岂能毋怪哉？"

惠子曰："羿执鞅持扞，操弓关机，越人争为持的。弱子扞弓，慈母入室闭户。故曰：'可必，则越人不疑羿；不可必，则慈母逃弱子。'"

桓公问管仲："富有涯乎？"答曰："水之以涯，其无水者也；富之以涯，其富已足者也。人不能自止于足，而亡其富之涯乎？"

宋之富贾有监止子者，与人争买百金之璞玉，因佯失而毁之，负其百金，而理其毁瑕，得千溢焉。事有举之而有败，而贤其毋举之者，负之时也。

有欲以御见荆王者，众驺妒之。因曰："臣能撽鹿。"见王。王为御，不及鹿；自御，及之。王善其御也，乃言众驺妒之。

荆令公子将伐陈。丈人送之曰："晋强，不可不慎也。"公子曰："丈人奚忧？吾为丈人破晋。"丈人曰："可。吾方庐陈南门之外。"公子曰："是何也？"曰："我笑句践也。为人之如是其易也，己独何为密密十年难乎？"

尧以天下让许由，许由逃之，舍于家人，家人藏其皮冠。夫弃天下而家人藏其皮冠，是不知许由者也。

三虱食彘，相与讼。一虱过之，曰："讼者奚说？"三虱曰："争肥饶之地。"一虱曰："若亦不患腊之至而茅之燥耳，若又奚患？"于是乃相与聚嘬其身而食之。彘臞，人乃弗杀。

虫有蚘者，一身两口，争食相龁，遂相杀也。人臣之争事而亡其国者，皆蜮类也。

宫有垩，器有涤，则洁矣。行身亦然，无涤垩之地，则寡非矣。

公子纠将为乱，桓公使使者视之。使者报曰："笑不乐，视不见，必为乱。"乃使鲁人杀之。

公孙弘断发而为越王骑，公孙喜使人绝之曰："吾不与子为昆弟矣。"公孙弘曰："我断发，子断颈而为人用兵，我将谓子何？"周南之战，公孙喜死焉。

有与悍者邻，欲卖宅而避之。人曰："是其贯将满矣，子姑待之。"答曰："吾恐其以我满贯也。"遂去之。故曰："物之幾者，非所靡也。"

孔子谓弟子曰："孰能导子西之钓名也？"子贡曰："赐也能。"乃导之，不复疑也。孔子曰："宽哉！不被于利。洁哉！民性有恒。曲为曲，直为直。"孔子曰："子西不免。"白公之难，子西死焉。故曰："直于行者曲于欲。"

晋中行文子出亡，过于县邑。从者曰："此啬夫，公之故人。公奚不休舍？且待后车。"文子曰："吾尝好音，此人遗我鸣琴；吾好珮，此人遗我玉环：是振我过者也。以求容于我者，吾恐其以我求容于人也。"乃去之。果收文子后车二乘而献之其君矣。

周趮谓宫他曰："为我谓齐王曰：'以齐资我于魏，请以魏事王。'"宫他曰："不可。是示之无魏也。齐王必不资于无魏者，而以怨有魏者。公不如曰：'以王之所欲，臣请以魏听王。'齐王必以公为有魏也，必因公。是公有齐也，因以有齐、魏矣。"

白圭谓宋令尹曰："君长自知政，公无事矣。今君少主也而务名，不如令荆贺君之孝也，则君不夺公位，而大敬重公，则公常用宋矣。"

管仲、鲍叔相谓曰："君乱甚矣，必失国。齐国之诸公子其可辅者，非公子纠，则小白也。与子人事一人焉，先达者相收。"管仲乃从公子纠，鲍叔从小白。国人果弑君。小白先入为君，鲁人拘管仲而效之，鲍叔言而相之。故谚曰：“巫咸虽善祝，不能自祓也；秦医虽善除，不能自弹也。”以管仲之圣而待鲍叔之助，此鄙谚所谓“虏自卖裘而不售，士自誉辩而不信”者也。

荆王伐吴，吴使沮卫、蹷融犒于荆师，荆将军曰：“缚之，杀以衅鼓。”问之曰：“汝来，卜乎？”答曰：“卜。”“卜吉乎？”曰：“吉。”荆人曰：“今荆将以女衅鼓，其何也？”答曰：“是故其所以吉也。吴使人（“人”，四部丛刊本作“臣”）来也，固视将军怒。将军怒，将深沟高垒；将军不怒，将懈怠。今也将军杀臣，则吴必警守矣。且国之卜，非为一臣卜。夫杀一臣而存一国，其不言吉，何也？且死者无知，则以臣衅鼓无益也；死者有知也，臣将当战之时，臣使鼓不鸣。”荆人因不杀也。

知伯将伐仇由，而道难不通，乃铸大钟遗仇由之君。仇由之君大说，除道将内之。赤章曼枝曰：“不可。此小之所以事大也，而今也大以来，卒必随之，不可内也。”仇由之君不听，遂内之。赤章曼枝因断毂而驱，至于齐七月，而仇由亡矣。

越已胜吴，又索卒于荆而攻晋。左史倚相谓荆王曰：“夫越破吴，豪士死，锐卒尽，大甲伤。今又索卒以攻晋，示我不病也。不如起师与分吴。”荆王曰：“善。”因起师而从越。越王怒，将击之。大夫种曰：“不可。吾豪士尽，大甲伤。我与战，必不克，不如赂之。”乃割露山之阴五百里以赂之。

荆伐陈，吴救之，军间三十里。雨十日，夜星。左史倚相谓子期曰：“雨十日，甲辑而兵聚。吴人必至，不如备之。”乃为陈。陈未成也而吴人至，见荆陈而反。左史曰：“吴反覆六十里，其君子必休，小人必食。我行三十里击之，必可败也。”乃从之，遂破吴军。

韩、赵相与为难。韩子索兵于魏，曰：“愿借师以伐赵。”魏文侯曰：“寡人与赵兄弟，不可以从。”赵又索兵攻韩。文侯曰：“寡人与韩兄弟，不敢从。”二国不得兵，怒而反。已乃知文侯以搆于己，乃皆朝魏。

齐伐鲁，索谗鼎，鲁以其雁往。齐人曰：“雁也。”鲁人曰：“真也。”齐曰：“使乐正子春来，吾将听子。”鲁君请乐正子春，乐正子春曰：“胡不以其真往也？”君曰：“我爱之。”答曰：“臣亦爱臣之信。”

韩咎立为君，未定也。弟在周，周欲重之，而恐韩咎不立也。綦毋恢曰：“不若以车百乘送之。得立，因曰‘为戒’；不立，则曰‘来效贼’也。”

靖郭君将城薛，客多以谏者。靖郭君谓谒者曰：“毋为客通。”齐人有请见者曰：“臣请三言而已。过三言，臣请烹。”靖郭君因见之。客趋进曰：“海大鱼。”因反走。靖郭君曰：“请闻其说。”客曰：“臣不敢以死为戏。”靖郭君曰：“愿为寡人言之。”答曰：“君闻大鱼乎？网不能止，缴不能絓也，荡而失水，蝼蚁得意焉。今夫齐亦君之海也。君长有齐，奚以薛为？君失齐，虽隆薛城至于天，犹无益也。”靖郭君曰：“善。”乃辍，不城薛。

荆王弟在秦，秦不出也。中射之士曰：“资臣百金，臣能出之。”因载百金之晋，见叔向，曰：“荆王弟在秦，秦不出也。请以百金委叔向。”叔向受金，而以见之晋平公曰：“可以城壶丘矣。”平公曰：“何也？”对曰：“荆王弟在秦，秦不出也，是秦恶荆也，必不敢禁我城壶丘。若禁之，我曰：‘为我出荆王之弟，吾不城也。’彼如出之，可以得（“得”赵用贤本作“德”）荆；彼不出，是卒恶也，必不敢禁我城壶丘矣。”公曰：“善。”乃城壶丘，谓秦公曰：“为我出荆王之弟，吾不城也。”秦因出之。荆王大说，以炼金百镒遗晋。

阖庐攻郢，战三胜，问子胥曰：“可以退乎？”子胥对曰：“溺人者一饮而止，则无逆者，以其不休也，不如乘之以沉之。”

郑人有一子，将宦，谓其家曰：“必筑坏墙，是不善，人将窃。”其巷人亦云。不时筑，而人果窃之。以其子为智，以巷人告者为盗。

观行第二十四

古之人,目短于自见,故以镜观面;智短于自知,故以道正己。镜无见疵之罪,道无明过之恶。目失镜,则无以正须眉;身失道,则无以知迷惑。西门豹之性急,故佩韦以自缓;董安于之心缓,故佩弦以自急。故以有馀补不足、以长续短之谓明主。

天下有信数三:一曰智有所不能立,二曰力有所不能举,三曰强有所不能胜。故虽有尧之智而无众人之助,大功不立;有乌获之劲而不得人助,不能自举;有贲、育之强而无法术,不得长生(孙楷第曰"长生"当作"长胜")。故势有不可得,事有不可成。故乌获轻千钧而重其身,非其身重于千钧也,势不便也。离朱易百步而难眉睫,非百步近而眉睫远也,道不可也。故明主不穷乌获以其不能自举,不困离朱以其不能自见。因可势,求易道,故用力寡而功名立。时有满虚,事有利害,物有生死,人主为三者发喜怒之色,则金石之士离心焉。圣贤之朴浅深矣。故明主观人,不使人观己。明于尧不能独成,乌获之不能自举,贲、育之不能自胜,以法术则观行之道毕矣。

安危第二十五

安术有七,危道有六。

安术:一曰赏罚随是非,二曰祸福随善恶,三曰死生随法度,四曰有贤不肖而无爱恶,五曰有愚智而无非誉,六曰有尺寸而无意度,七曰有信而无诈。

危道:一曰斫削于绳之内,二曰斫割于法之外,三曰利人之所害,四曰乐人之所祸,五曰危人之所安,六曰所爱不亲、所恶不疏。

如此，则人失其所以乐生，而忘其所以重死。人不乐生，则人主不尊；不重死，则令不行也。

使天下皆极智能于仪表，尽力于权衡，以动则胜，以静则安。治世使人乐生于为是，爱身于为非，小人少而君子多。故社稷常立，国家久安。奔车之上无仲尼，覆舟之下无伯夷。故号令者，国之舟车也。安则智廉生，危则争鄙起。故安国之法，若饥而食，寒而衣，不令而自然也。先王寄理于竹帛，其道顺，故后世服。今使人饥寒去衣食，虽贲、育（"育"《集解》误为"欲"，据乾道本改正）不能行；废自然，虽顺道而不立。强勇之所不能行，则上不能安。上以无厌责，已尽，则下对"无有"；无有，则轻法。法所以为国也而轻之，则功不立，名不成。

闻古扁鹊之治其病也，以刀刺骨；圣人之救危国也，以忠拂耳。刺骨，故小痛在体而长利在身；拂耳，故小逆在心而久福在国。故甚病之人利在忍痛，猛毅之君以福拂耳。忍痛，故扁鹊尽巧；拂耳，则子胥不失。寿安之术也。病而不忍痛，则失扁鹊之巧；危而不拂耳，则失圣人之意。如此，长利不远垂，功名不久立。

人主不自刻以尧而责人臣以子胥，是幸殷人之尽如比干；尽如比干，则上不失，下不亡。不权其力而有田成，而幸其身尽如比干，故国不得一安。废尧、舜而立桀、纣，则人不得乐所长而忧所短。失所长，则国家无功；守所短，则民不乐生。以无功御不乐生，不可行于齐民。如此，则上无以使下，下无以事上。

安危在是非，不在于强弱；存亡在虚实，不在于众寡。故齐，万乘也，而名实不称，上空虚于国，内不充满于名实，故臣得夺主。杀（顾广圻曰"杀"当作"桀"），天子也，而无是非：赏于无功，使谗谀以诈伪为贵；诛于无罪，使伛以天性剖背。以诈伪为是，天性为非，小得胜大。

明主坚内，故不外失，失之近而不亡于远者无有。故周之夺殷也，拾遗于庭。使殷不遗于朝，则周不敢望秋毫于境，而况敢易位乎？

明主之道忠法，其法忠心，故临之而法，去之而思。尧无胶漆之约于当世而道行，舜无置锥之地于后世而德结。能立道于往古，而垂德于万世者之谓明主。

守道第二十六

圣王之立法也，其赏足以劝善，其威足以胜暴，其备足以必完法。治世之臣，功多者位尊，力极者赏厚，情尽者名立。善之生如春，恶之死如秋，故民劝极力而乐尽情，此之谓上下相得。上下相得，故能使用力者自极于权衡，而务至于任鄙；战士出死，而愿为贲、育；守道者皆怀金石之心，以死子胥之节。用力者为任鄙，战如贲、育，中为金石，则君人者高枕而守已完矣。

古之善守者，以其所重禁其所轻，以其所难止其所易。故君子与小人俱正，盗跖与曾、史俱廉。何以知之？夫贪盗不赴溪而掇金，赴溪而掇金，则身不全。贲、育不量敌，则无勇名；盗跖不计可，则利不成。

明主之守禁也，贲、育见侵于其所不能胜，盗跖见害于其所不能取，故能禁贲、育之所不能犯，守盗跖之所不能取，则暴者守愿，邪者反正。大勇愿，巨盗贞，则天下公平，而齐民之情正矣。

人主离法、失人，则危于伯夷不妄取，而不免于田成、盗跖之祸，何也？今天下无一伯夷，而奸人不绝世，故立法度量。度量信，则伯夷不失是，而盗跖不得非。法分明，则贤不得夺不肖，强不得侵弱，众不得暴寡。托天下于尧之法，则贞士不失分，奸人不徼幸。寄千金于羿之矢，则伯夷不得亡，而盗跖不敢取。尧明于不失奸，故天下无邪；羿巧于不失发，故千金不亡。邪人不寿而盗跖止。如此，故图不载宰予，不举六卿；书不著子胥，不明夫差。孙、吴之略废，盗跖之心伏。人主甘服于玉堂之中，而无瞋目切齿倾取之患；人臣垂拱于金城之内，而无扼腕聚唇嗟唶之祸。服虎而不以柙，禁奸而不以法，塞伪而不以符，此贲、育之所患，尧、舜之所难也。故设柙，非所以备鼠也，所以使怯弱能服虎也；立法，非所以避曾、史也，所以使庸主能止盗跖也；为符，非所以豫尾生也，所以使众人不相谩也。不恃比干之死节，不幸乱臣之无诈也；恃怯之所能服，握庸主之所易守。当今之世，为人主忠计、为天下结德者，利莫长于如(迂评本无"如"字)此。故君人者无亡国之图，而忠臣无失身之画。明于尊位必赏，故能使人尽力于权衡，死节于官职。通贲、育之情，不以死易生；惑于盗跖之贪，不以财易身。则守国之道毕备矣。

用人第二十七

闻古之善用人者，必循天顺人而明赏罚。循天，则用力寡而功立；顺人，则刑罚省而令行；明赏罚，则伯夷、盗跖不乱。如此，则白黑分矣。治国之臣，效功于国以履位，见能于官以受职，尽力于权衡以任事。人臣皆宜其能，胜其官，轻其任，而莫怀馀力于心，莫负兼官之责于君。故内无伏怨之乱，外无马服之患。明君使事不相干，故莫讼；使士不兼官，故技长；使人不同功，故莫争。争讼止，技长立，则强弱不觳力，冰炭不合形，天下莫得相伤，治之至也。

释法术而任心治，尧不能正一国。去规矩而妄意度，奚仲不能成一轮。废尺寸而差短长，王尔不能半中。使中主守法术，拙匠执规矩尺寸，则万不失矣。君人者，能去贤巧之所不能，守中拙之所万不失，则人力尽而功名立。

明主立可为之赏，设可避之罚。故贤者劝赏而不见子胥之祸，不肖者少罪而不见伛剖背，盲者处平而不遇深溪，愚者守静而不陷险危。如此，则上下之恩结矣。古之人曰："其心难知，喜怒难中也。"故以表示目，以鼓语耳，以法教心。君人者释三易之数而行一难知之心，如此，则怒积于上而怨积于下。以积怒而御积怨，则两危矣。

明主之表易见，故约立；其教易知，故言用；其法易为，故令行。三者立而上无私心，则下得循法而治，望表而动，随绳而斫，因攒而缝。如此，则上无私威之毒，而下无愚拙之诛。故上君（"君"赵用贤本作"居"）明而少怒，下尽忠而少罪。

闻之曰："举事无患者，尧不得也。"而世未尝无事也。君人者不轻爵禄，不易富贵，不可与救危国。故明主厉廉耻，招仁义。昔者介子推无爵禄而义随文公，不忍口腹而仁割其肌，故人主结其德，书图著其名。人主乐乎使人以公尽力，而苦乎以私夺威；人臣安乎以能受职，而苦乎以一负二。故明主除人臣之所苦，而立人主之所乐。上下之利，莫长于此。不察私门之内，轻虑重事，厚诛薄罪，久怨细过，长侮偷快，数以德追祸，是断手而续以玉也，故世有易身之患。

人主立难为而罪不及，则私怨生；人臣失所长而奉难给，则伏怨结。劳苦不抚循，忧悲不哀怜。喜则誉小人，贤不肖俱赏；怒则毁君子，使伯夷与盗跖俱辱。故臣有叛主。

使燕王内憎其民而外爱鲁人，则燕不用而鲁不附。见（赵用贤本"见"字上有"民"字）憎，不能尽力而务功；鲁见说，而不能离死命而亲他主。如此，则人臣为隙穴，而人主独立。以隙穴之臣而事独立之主，此之谓危殆。

释仪的而妄发，虽中小不巧；释法制而妄怒，虽杀戮而奸人不恐。罪生甲，祸归乙，伏怨乃结。故至治之国，有赏罚而无喜怒，故圣人极；有刑法而死无螫毒，故奸人服。发矢中的，赏罚当符，故尧复生，羿复立。如此，则上无殷、夏之患，下无比干之祸，君高枕而臣乐业，道蔽天地，德极万世矣。

夫人主不塞隙穴而劳力于赭垩，暴雨疾风必坏。不去眉睫之祸而慕贲、育之死，不谨萧墙之患而固金城于远境，不用近贤之谋而外结万乘之交于千里，飘风一旦起，则贲、育不及救，而外交不及至，祸莫大于此。当今之世，为人主忠计者，必无使燕王说鲁人，无使近世慕贤于古，无思越人以救中国溺者。如此，则上下亲，内功立，外名成。

功名第二十八

明君之所以立功成名者四：一曰天时，二曰人心，三曰技能，四曰势位。非天时，虽十尧不能冬生一穗；逆人心，虽贲、育不能尽人力。故得天时，则不务而自生；得人心，则不趣而自劝；因技能，则不急而自疾；得势位，则不进而名成。若水之流，若船之浮。守自然之道，行毋穷之令，故曰明主。

夫有材而无势，虽贤不能制不肖。故立尺材于高山之上，下临千仞之溪，材非长也，位高也。桀为天子，能制天下，非贤也，势重也；尧为匹夫，不能正三家，非不肖也，位卑也。千钧得船则浮，锱铢失船则沉，非千钧轻而锱铢重也，有势之与无势也。故短之临高也以位，不肖之制贤也以势。人主者，天下一力以共载之，故安；众同心以共立之，故尊；人臣守所长，尽所能，故忠。以尊主主御忠臣，则长乐生而功名成。名实相持而成，形影相应而立，故臣主同欲而异使。人主之患在莫之应，故曰：一手独拍，虽疾无声。人臣之忧在不得一，故曰：右手画圆，左手画方，不能两成。故曰：至治之国，君若桴，臣若鼓，技若车，事若马。故人有馀力易于应，而技有馀巧便于事。立功者不足于力，亲近者不足于信，成名者不足于势，近者已（陶鸿庆曰“已”亦当作“不”）亲，而远者不结，则名不称实者也。圣人德若尧、舜，行若伯夷，而位不载于世，则功不立，名不遂。故古之能致功名者,众人助之以力,近者结之以成,远者誉之以名,尊者载之以势。如此,故太山之功长立于国家,而日月之名久著于天地。此尧之所以南面而守名、舜之所以北面而效功也。

大体第二十九

古之全大体者:望天地,观江海,因山谷、日月所照,四时所行,云布风动;不以智累心,不以私累己;寄治乱于法术,托是非于赏罚,属轻重于权衡;不逆天理,不伤情性;不吹毛而求小疵,不洗垢而察难知;不引绳之外,不推绳之内;不急法之外,不缓法之内;守成理,因自然;祸福生乎道法,而不出乎爱恶;荣辱之责在乎己,而不在乎人。故至安之世,法如朝露,纯朴不散,心无结怨,口无烦言。故车马不疲弊于远路,旌旗不乱于大泽,万民不失命于寇戎,雄骏不创寿于旗幢;豪杰不著名于图书,不录功于盘盂,记年之牒空虚。故曰:利莫长于简,福莫久于安。使匠石以千岁之寿,操钩视规矩,举绳墨,而正太山,使贲、育带干将而齐万民,虽尽力于巧,极盛于寿,太山不正,民不能齐。故曰:古之牧天下者,不使匠石极巧以败太山之体,不使贲、育尽威以伤万民之性。因道全法,君子乐而大奸止。澹然闲静,因天命,持大体。故使人无离法之罪,鱼无失水之祸。如此,故天下少不可。

上不天,则下不遍覆;心不地,则物不必载。太山不立好恶,故能成其高;江海不择小助,故能成其富。故大人寄形于天地而万物备,历心于山海而国家富。上无忿怒之毒,下无伏怨之患,上下交顺,以道为舍。故长利积,大功立,名成于前,德垂于后,治之至也。

第九卷

内储说上七术第三十

主之所用也七术，所察也六微。

七术：一曰众端参观，二曰必罚明威，三曰信赏尽能，四曰一听责下，五曰疑诏诡使，六曰挟知而问，七曰倒言反事。此七者，主之所用也。

观听不参则诚不闻，听有门户则臣壅塞。其说在侏儒之梦见灶，哀公之称“莫众而迷”。故齐人见河伯，与惠子之言“亡其半”也。其患在竖牛之饿叔孙，而江乙之说荆俗也。嗣公欲治不知，故使有敌。是以明主推积铁之类，而察一市之患。

参观一

爱多者，则法不立；威寡者，则下侵上。是以刑罚不必，则禁令不行。其说在董子之行石邑，与子产之教游吉也。故仲尼说陨霜，而殷法刑弃灰；将行去乐池，而公孙鞅重轻罪。是以丽水之金不守，而积泽之火不救。成欢以太仁弱齐国，卜皮以慈惠亡魏王。管仲知之，故断死人。嗣公知之，故买胥靡。

必罚二

赏誉薄而谩者下不用，赏誉厚而信者下轻死。其说在文子称“若兽鹿”。故越王焚宫室，而吴起倚车辕，李悝断讼以射，宋崇门以毁死。句践知之，故式怒蛙；昭侯知之，故藏弊袴。厚赏之使人为贲、诸也，妇人之拾蚕，渔者之握鳣，是以效之。

赏誉三

一听则愚智不分，责下则人臣不参。其说在索郑与吹竽。其患在申子之以赵绍、韩沓为尝试。故公子汜议割河东，而应侯谋弛上党。

一听四

数见久待而不任，奸则鹿散。使人问他则不鬻私。是以庞敬还公大夫，而戴讙诏视辒车，周主亡玉簪，商太宰论牛矢。

诡使五

挟智而问，则不智者至；深智一物，众隐皆变。其说在昭侯之握一爪也。故必南门而三乡得。周主索曲杖而群臣惧，卜皮事庶子，西门豹详遗辖。

挟智六

倒言反事以尝所疑，则奸情得。故阳山谩樛竖，淖齿为秦使，齐人欲为乱，子之以白马，子产离讼者，嗣公过关市。

倒言七

右经

一

卫灵公之时，弥子瑕有宠，专于卫国。侏儒有见公者曰："臣之梦践矣。"公曰："何梦？"对曰："梦见灶，为见公也。"公怒曰："吾闻见人主者梦见日，奚为见寡人而梦见灶？"对曰："夫日兼烛天下，一物不能当也；人君兼烛一国，一人不能拥也。故将见人主者梦见日。夫灶，一人炀焉，则后人无从见矣。今或者一人有炀君者乎？则臣虽梦见灶，不亦可乎？"

鲁哀公问于孔子曰："鄙谚曰：'莫众而迷。'今寡人举事，与群臣虑之，而国愈乱，其故何也？"孔子对曰："明主之问臣，一人知之，一人不知也。如是者，明主在上，群臣直议于下。今群臣无不一辞同轨乎季孙者，举鲁国尽化为一，君虽问境内之人，犹不免于乱也。"

一曰：晏婴子聘鲁，哀公问曰："语曰：'莫三人而迷。'今寡人与一国虑之,鲁不免于乱,何也?”晏子曰:“古之所谓‘莫三人而迷’者,一人失之,二人得之,三人足以为众矣,故曰‘莫三人而迷’。今鲁国之群臣以千百数,一言于季氏之私,人数非不众,所言者一人也,安得三哉?”

齐人有谓齐王曰:“河伯,大神也。王何不试与之遇乎?臣请使王遇之。”乃为坛场大水之上,而与王立之焉。有间,大鱼动,因曰:“此河伯。”

张仪欲以秦、韩与魏之势伐齐、荆,而惠施欲以齐、荆偃兵。二人争之。群臣左右皆为张子言,而以攻齐、荆为利,而莫为惠子言。王果听张子,而以惠子言为不可。攻齐、荆事已定,惠子入见。王言曰:“先生毋言矣!攻齐、荆之事果利矣,一国尽以为然。”惠子因说:“不可不察也。夫齐、荆之事也诚利,一国尽以为利,是何智者之众也?攻齐、荆之事诚不利,一国尽以为利,何愚者之众也?凡谋者,疑也。疑也者,诚疑,以为可者半,以为不可者半。今一国尽以为可,是王亡半也。劫主者固亡其半者也。”

叔孙相鲁,贵而主断。其所爱者曰竖牛,亦擅用叔孙之令。叔孙有子曰壬,竖牛妒而欲杀之,因与壬游于鲁君所。鲁君赐之玉环,壬拜受之而不敢佩,使竖牛请之叔孙。竖牛欺之曰:“吾已为尔请之矣,使尔佩之。”壬因佩之。竖牛因谓叔孙:“何不见壬于君乎?”叔孙曰:“孺子何足见也?”竖牛曰:“壬固已数见于君矣。君赐之玉环,壬已佩之矣。”叔孙召壬见之,而果佩之,叔孙怒而杀壬。壬兄曰丙,竖牛又妒而欲杀之。叔孙为丙铸钟,钟成,丙不敢击,使竖牛请之叔孙。竖牛不为请,又欺之曰:“吾已为尔请之矣,使尔击之。”丙因击之。叔孙闻之曰:“丙不请而擅击钟。”怒而逐之。丙出走齐。居一年,竖牛为谢叔孙,叔孙使竖牛召之,又不召而报之曰:“吾已召之矣,丙怒甚,不肯来。”叔孙大怒,使人杀之。二子已死,叔孙有病,竖牛因独养之而去左右,不内人,曰:“叔孙不欲闻人声。”因不食而饿死。叔孙已死，竖牛因不发丧也，徙其府库重宝空之而奔齐。夫听所信之言而子父为人僇，此不参之患也。

江乙为魏王使荆，谓荆王曰："臣入王之境内，闻王之国俗曰：'君子不蔽人之美，不言人之恶。'诚有之乎？"王曰："有之。""然则若白公之乱，得庶无危乎？诚得如此，臣免死罪矣。"

卫嗣君重如耳，爱世姬，而恐其皆因其爱重以壅己也，乃贵薄疑以敌如耳，尊魏姬以耦世姬，曰："以是相参也。"嗣君知欲无壅，而未得其术也。夫不使贱议贵，下必坐上，而必待势重之钧也，而后敢相议，则是益树壅塞之臣也。嗣君之壅乃始。

夫矢来有乡，则积铁以备一乡；矢来无乡，则为铁室以尽备之。备之则体不伤。故彼以尽备之不伤，此以尽敌之无奸也。

庞恭与太子质于邯郸，谓魏王曰："今一人言市有虎，王信之乎？"曰："不信。""二人言市有虎，王信之乎？"曰："不信。""三人言市有虎，王信之乎？"王曰："寡人信之。"庞恭曰："夫市之无虎也明矣，然而三人言而成虎。今邯郸之去魏也远于市，议臣者过于三人，愿王察之。"庞恭从邯郸反，竟不得见。

二

董阏于为赵上地守，行石邑山中，见深涧，峭如墙，深百仞，因问其旁乡左右曰："人尝有入此者乎？"对曰："无有。"曰："婴儿、盲聋、狂悖之人，尝有入此者乎？"对曰："无有。""牛马犬彘，尝有入此者乎？"对曰："无有。"董阏于喟然太息曰："吾能治矣。使吾法之无赦，犹入涧之必死也，则人莫之敢犯也，何为不治？"

子产相郑，病将死，谓游吉曰："我死后，子必用郑，必以严莅人。夫火形严，故人鲜灼；水形懦，故人多溺。子必严子之刑，无令溺子之懦。"故子产死，游吉不忍行严刑，郑少年相率为盗，处于藋泽，将遂以为郑祸。游吉率车骑与战，一日一夜，仅能克之。游吉喟然叹曰："吾蚤行夫子之教，必不悔至于此矣。"

鲁哀公问于仲尼曰:“《春秋》之记曰:‘冬十二月賈霜不杀菽。’何为记此?”仲尼对曰:“此言可以杀而不杀也。夫宜杀而不杀,桃李冬实。天失道,草木犹犯干之,而况于人君乎!”

殷之法,刑弃灰于街者。子贡以为重,问之仲尼。仲尼曰:“知治之道也。夫弃灰于街必掩人,掩人,人必怒,怒则斗,斗必三族相残也。此残三族之道也,虽刑之可也。且夫重罚者,人之所恶也;而无弃灰,人之所易也。使人行之所易,而无离所恶,此治之道。”

一曰:殷之法,弃灰于公道者断其手。子贡曰:“弃灰之罪轻,断手之罚重,古人何太毅也?”曰:“无弃灰,所易也;断手,所恶也。行所易,不关所恶,古人以为易,故行之。”

中山之相乐池以车百乘使赵,选其客之有智能者以为将行,中道而乱。乐池曰:“吾以公为有智,而使公为将行,今中道而乱,何也?”客因辞而去,曰:“公不知治。有威足以服之人,而利足以劝之,故能治之。今臣,君之少客也。夫从少正长,从贱治贵,而不得操其利害之柄以制之,此所以乱也。尝试使臣:彼之善者我能以为卿相,彼不善者我得以斩其首,何故而不治?”

公孙鞅之法也重轻罪。重罪者,人之所难犯也;而小过者,人之所易去也。使人去其所易,无离其所难,此治之道。夫小过不生,大罪不至,是人无罪而乱不生也。

一曰:公孙鞅曰:“行刑重其轻者。轻者不至,重者不来。是谓以刑去刑也(“也”《集解》脱,据乾道本补)。”

荆南之地,丽水之中生金,人多窃采金。采金之禁:得而辄辜磔于市。甚众,壅离其水也,而人窃金不止。大(“大”《集解》讹为“夫”,据乾道本改正)罪莫重辜磔于市,犹不止者,不必得也。故今有于此,曰:“予汝天下而杀汝身。”庸人不为也。夫有天下,大利也,犹不为者,知必死。故不必得也,则虽辜磔,窃金不止;知必死,则天下不为也。

鲁人烧积泽。天北风，火南倚，恐烧国。哀公惧，自将众趣救火。左右无人，尽逐兽而火不救，乃召问仲尼。仲尼曰："夫逐兽者乐而无罚，救火者苦而无赏，此火之所以无救也。"哀公曰："善。"仲尼曰："事急，不及以赏；救火者尽赏之，则国不足以赏于人。请徒行罚。"哀公曰："善。"于是仲尼乃下令曰："不救火者，比降北之罪；逐兽者，比入禁之罪。"令下未遍而火已救矣。

成驩谓齐王曰："王太仁，太不忍人。"王曰："太仁，太不忍人，非善名邪？"对曰："此人臣之善也，非人主之所行也。夫人臣必仁而后可与谋，不忍人而后可近也；不仁则不可与谋，忍人则不可近也。"王曰："然则寡人安所太仁？安不忍人？"对曰："王太仁于薛公，而太不忍于诸田。太仁薛公，则大臣无重；太不忍诸田，则父兄犯法。大臣无重，则兵弱于外；父兄犯法，则政乱于内。兵弱于外，政乱于内，此亡国之本也。"

魏惠王谓卜皮曰："子闻寡人之声闻亦何如焉？"对曰："臣闻王之慈惠也。"王欣然喜曰："然则功且安至？"对曰："王之功至于亡。"王曰："慈惠，行善也。行之而亡，何也？"卜皮对曰："夫慈者不忍，而惠者好与也。不忍则不诛有过，好予则不待有功而赏。有过不罪，无功受赏，虽亡，不亦可乎？"

齐国好厚葬，布帛尽于衣衾，材木尽于棺椁。桓公患之，以告管仲曰："布帛尽则无以为币，材木尽则无以为守备，而人厚葬之不休，禁之奈何？"管仲对曰："凡人之有为也，非名之，则利之也。"于是乃下令曰："棺椁过度者戮其尸，罪夫当丧者。"夫戮死无名，罪当丧者无利，人何故为之也？

卫嗣君之时，有胥靡逃之魏，因为襄王之后治病。卫嗣君闻之，使人请以五十金买之，五反而魏王不予，乃以左氏易之。群臣左右谏曰："夫以一都买一胥靡，可乎？"王曰："非子之所知也。夫治无小而乱无大。法不立而诛不必，虽有十左氏无益也；法立而诛必，虽失十左氏无害也。”魏王闻之曰:“主欲治而不听之,不祥。”因载而往,徒献之。

三

齐王问于文子曰:“治国何如?”对曰:“夫赏罚之为道,利器也。君固握之,不可以示人。若如臣者,犹兽鹿也,唯荐草而就。”

越王问于大夫种曰:“吾欲伐吴,可乎?”对曰:“可矣。吾赏厚而信,罚严而必。君欲知之,何不试焚宫室?”于是遂焚宫室,人莫救之。乃下令曰:“人之救火者死,比死敌之赏;救火而不死者,比胜敌之赏;不救火者,比降北之罪。”人之涂其体、被濡衣而走火者,左三千人,右三千人。此知必胜之势也。

吴起为魏武侯西河之守。秦有小亭临境,吴起欲攻之。不去,则甚害田者;去之,则不足以征甲兵。于是乃倚一车辕于北门之外而令之曰:“有能徙此南门之外者,赐之上田、上宅。”人莫之徙也,及有徙之者,遂赐之如令。俄又置一石赤菽于东门之外而令之曰:“有能徙此于西门之外者,赐之如初。”人争徙之。乃下令曰:“明日且攻亭,有能先登者,仕之国大夫,赐之上田、上宅。”人争趋之。于是攻亭,一朝而拔之。

李悝为魏文侯上地之守,而欲人之善射也,乃下令曰:“人之有狐疑之讼者,令之射的,中之者胜,不中者负。”令下而人皆疾习射,日夜不休。及与秦人战,大败之,以人之善射也。

宋崇门之巷人服丧而毁,甚瘠,上以为慈爱于亲,举以为官师。明年,人之所以毁死者岁十余人。子之服亲丧者,为爱之也,而尚可以赏劝也,况君上之于民乎!

越王虑伐吴,欲人之轻死也,出见怒蛙,乃为之式。从者曰:“奚敬于此?”王曰:“为其有气故也。”明年之请以头献王者岁十馀人。由此观之,誉之足以杀人矣。

一曰:越王句践见怒蛙而式之。御者曰:“何为式?”王曰:

“蛙有气如此,可无为式乎?”士人闻之曰:“蛙有气,王犹为式,况士人之有勇者乎!”是岁,人有自到死以其头献者。故越王将复吴而试其教:燔台而鼓之,使民赴火者,赏在火也;临江而鼓之,使人赴水者,赏在水也;临战而使人绝头刳腹而无顾心者,赏在兵也。又况据法而进贤,其助(顾广圻曰“助”当作“劝”)甚此矣。

韩昭侯使人藏弊袴,侍者曰:“君亦不仁矣,弊袴不以赐左右而藏之。”昭侯曰:“非子之所知也。吾闻明主之爱一嚬一笑,嚬有为嚬,而笑有为笑。今夫袴,岂特嚬笑哉!袴之与嚬笑相去远矣,吾必待有功者,故藏之未有予也。”

鳣似蛇,蚕似蠋。人见蛇则惊骇,见蠋则毛起。然而妇人拾蚕,渔者握鳣,利之所在,则忘其所恶,皆为贲、诸。

四

魏王谓郑王曰:“始郑、梁一国也,已而别,今愿复得郑而合之梁。”郑君患之,召群臣而与之谋所以对魏。郑公子谓郑君曰:“此甚易应也。君对魏曰:‘以郑为故魏而可合也,则弊邑亦愿得梁而合之郑。’”魏王乃止。

齐宣王使人吹竽,必三百人,南郭处士请为王吹竽,宣王说之,廪食以数百人。宣王死,湣王立,好一一听之,处士逃。

一曰:韩昭侯曰:“吹竽者众,吾无以知其善者。”田严对曰:“一一而听之。”

赵令人因申子于韩请兵,将以攻魏。申子欲言之君,而恐君之疑己外市也,不则恐恶于赵,乃令赵绍、韩沓尝试君之动貌而后言之。内则知昭侯之意,外则有得赵之功。

三国至韩,王谓楼缓曰:“三国之兵深矣!寡人欲割河东而讲,何如?”对曰:“夫割河东,大费也;免国于患,大功也。此父兄之任也,王何不召公子汜而问焉?”王召公子汜而告之,对曰:“讲亦悔,不讲亦悔。王今割河东而讲,三国归,王必曰:‘三国固且去矣,吾特以三城送之。’不讲，三国也入韩，则国必大举矣，王必大悔。王曰：‘不献三城也。’臣故曰：‘王讲亦悔，不讲亦悔。’”王曰：“为我悔也，宁亡三城而悔，无危乃悔，寡人断讲矣。”

应侯谓秦王曰：“王得宛、叶、蓝田、阳夏，断河内，困（“困”《集解》误为“因”，据乾道本改正）梁、郑，所以未王者，赵未服也。弛上党，在一而已，以临东阳，则邯郸口中虱也。王拱而朝天下，后者以兵中之。然上党之安乐，其处甚剧，臣恐弛之而不听，奈何？”王曰：“必弛易之矣。”

五

庞敬，县令也。遣市者行，而召公大夫而还之。立有间，无以诏之，卒遣行。市者以为令与公大夫有言，不相信，以至无奸。

戴驩，宋太宰，夜使人曰：“吾闻数夜有乘辒车至李史门者，谨为我伺之。”使人报曰：“不见辒车，见有奉笥而与李史语者，有间，李史受笥。”

周主亡玉簪，令吏求之，三日不能得也。周主令人求而得之家人之屋间。周主曰：“吾知吏之不事事也，求簪，三日不得之；吾令人求之，不移日而得之。于是吏皆耸惧，以为君神明也。”

商太宰使少庶子之市，顾反而问之曰：“何见于市？”对曰：“无见也。”太宰曰：“虽然，何见也？”对曰：“市南门之外甚众牛车，仅可以行耳。”太宰因诫使者：“无敢告人吾所问于女。”因召市吏而诮之曰：“市门之外何多牛屎？”市吏甚怪太宰知之疾也，乃悚惧其所也。

六

韩昭侯握爪，而佯亡一爪，求之甚急，左右因割其爪而效之。昭侯以此察左右之不诚。

韩昭侯使骑于县。使者报，昭侯问曰：“何见也？”对曰：“无所见也。”昭侯曰：“虽然，何见？”曰：“南门之外，有黄犊食苗道左者。”昭侯谓使者：“毋敢泄吾所问于女。”乃下令曰：“当苗时，禁牛马入人田中，固有令，而吏不以为事，牛马甚多入人田中。亟举其数上之，不得，将重其罪。”于是三乡举而上之。昭侯曰：“未尽也。”复往审之，乃得南门之外黄犊。吏以昭侯为明察，皆悚惧其所，而不敢为非。

周主下令索曲杖，吏求之数日不能得。周主私使人求之，不移日而得之。乃谓吏曰：“吾知吏不事事也。曲杖甚易也，而吏不能得，我令人求之，不移日而得之，岂可谓忠哉？”吏乃皆悚惧其所，以君为神明。

卜皮为县令，其御史污秽而有爱妾，卜皮乃使少庶子佯爱之，以知御史阴情。

西门豹为邺令，佯亡其车辖，令吏求之不能得，使人求之而得之家人屋间。

七

阳山君相谓（“谓”赵用贤本作“卫”），闻王之疑己也，乃伪谤樛竖以知之。

淖齿闻齐王之恶己也，乃矫为秦使以知之。

齐人有欲为乱者，恐王知之，因诈逐所爱者，令走王知之。

子之相燕，坐而佯言曰：“走出门者何？白马也。”左右皆言不见。有一人走追之，报曰：“有。”子之以此知左右之不诚信。

有相与讼者，子产离之而无使得通辞，倒其言以告而知之。

卫嗣公使人为客过关市，关市苛难之，因事关市，以金与关吏，乃舍之。嗣公为关吏曰：“某时有客过而所，与汝金，而汝因遣之。”关市乃大恐，而以嗣公为明察。

第十卷

内储说下六微第三十一

六微:一曰权借在下,二曰利异外借,三曰托于似类,四曰利害有反,五曰参疑内争,六曰敌国废置。此六者,主之所察也。

权势不可以借人。上失其一,臣以为百。故臣得借,则力多;力多,则内外为用;内外为用,则人主壅。其说在老聃之言失鱼也。是以人主久语,而左右鬻怀刷。其患在胥僮之谏厉公,与州侯之一言,而燕人浴矢也。

权借一

君臣之利异,故人臣莫忠,故臣利立而主利灭。是以奸臣者,召敌兵以内除,举外事以眩主,苟成其私利,不顾国患。其说在卫人之夫妻祷祝也。故戴歇议子弟,而三桓攻昭公;公叔内齐军,而翟黄召韩兵;太宰嚭说大夫种,大成牛教申不害;司马喜告赵王,吕仓规秦、楚;宋石遗卫君书,白圭教暴谴。

利异二

似类之事,人主之所以失诛,而大臣之所以成私也。是以门人捐水而夷射诛,济阳自矫而二人罪,司马喜杀爰骞而季辛诛,郑袖言恶臭而新人劓,费无忌教郄宛而令尹诛,陈需杀张寿而犀首走。故烧刍廥而中山罪,杀老儒而济阳赏也。

似类三

事起而有所利,其尸主之;有所害,必反察之。是以明主之论也,国害则省其利者,臣害则察其反者。其说在楚兵至而陈需相,黍种贵而廪吏覆。是以昭奚恤执贩茅，而不(赵用贤本无“不”字)僖侯谯其次；文公发绕炙，而穰侯请立帝。

有反四

参疑之势，乱之所由生也，故明主慎之。是以晋骊姬杀太子申生，而郑夫人用毒药，卫州吁杀其君完，公子根取东周，王子职甚有宠而商臣果作乱，严遂、韩廆争而哀侯(“侯”《集解》误为“公”，据乾道本改正)果遇贼，田常、阚止、戴驩、皇喜敌而宋君、简公杀。其说在狐突之称二好，与郑昭之对未生也。

参疑五

敌之所务，在淫察而就靡；人主不察，则敌废置矣。故文王资费仲，而秦王患楚使，黎且去仲尼，而干象沮甘茂。是以子胥宣言而子常用，内美人而虞、虢亡，佯遗书而苌弘(“弘”《集解》作“宏”，据乾道本改回)死，用鸡猳而郐桀尽。

废置六

“参疑”“废置”之事，明主绝之于内而施之于外。资其轻者，辅其弱者，此谓“庙攻”。参伍既用于内，观听又行于外，则敌伪得。其说在秦侏儒之告惠文君也。故襄疵言袭邺，而嗣公赐令席。

庙攻

右经

一

势重者，人主之渊也；臣者，势重之鱼也。鱼失于渊而不可复得也，人主失其势重于臣而不可复收也。古之人难正言，故托之于鱼。

赏罚者，利器也。君操之以制臣，臣得之以拥主。故君先见所赏，则臣鬻之以为德；君先见所罚，则臣鬻之以为威。故曰：“国之利器，不可以示人。”

靖郭君相齐，与故人久语，则故人富；怀左右刷，则左右重。久语怀刷，小资也，犹以成富，况于吏势乎？

晋厉公之时，六卿贵。胥僮、长鱼矫谏曰："大臣贵重，敌主争事，外市树党，下乱国法，上以劫主，而国不危者，未尝有也。"公曰："善。"乃诛三卿。胥僮、长鱼矫又谏曰："夫同罪之人偏诛而不尽，是怀怨而借之间也。"公曰："吾一朝而夷三卿，予不忍尽也。"长鱼矫对曰："公不忍之，彼将忍公。"公不听。居三月，诸卿作难，遂杀厉公而分其地。

州侯相荆，贵而主断。荆王疑之，因问左右，左右对曰"无有"，如出一口也。

燕人惑易，故浴狗矢。燕人，其妻有私通于士，其夫早自外而来，士适出。夫曰："何客也？"其妻曰："无客。"问左右，左右言"无有"，如出一口。其妻曰："公惑易也。"因浴之以狗矢。

一曰：燕人李季好远出，其妻私有通于士，季突至，士在内中，妻患之。其室妇曰："令公子裸而解发，直出门，吾属佯不见也。"于是公子从其计，疾走出门。季曰："是何人也？"家室皆曰："无有。"季曰："吾见鬼乎？"妇人曰："然。""为之奈何？"曰："取五牲之矢浴之。"季曰："诺。"乃浴以矢。一曰浴以兰汤。

二

卫人有夫妻祷者，而祝曰："使我无故，得百束布。"其夫曰："何少也？"对曰："益是，子将以买妾。"

荆王欲宦诸公子于四邻，戴歇曰："不可。""宦公子于四邻，四邻必重之。"曰："子出者重，重则必为所重之国党，则是教子于外市也，不便。"

鲁孟孙、叔孙、季孙相戮力劫昭公，遂夺其国而擅其制。鲁三桓公逼（王先慎曰当作"逼公"），昭公攻季孙氏，而孟孙氏、叔孙氏相与谋曰："救之乎？"叔孙氏之御者曰："我，家臣也，安知公家？凡有季孙与无季孙于我孰利？"皆曰："无季孙必无叔孙。""然则救之。"于是撞西北隅而入。孟孙见叔孙之旗入，亦救之。三桓为一，昭公不胜，逐之，死于乾侯。

公叔相韩而有攻齐，公仲甚重于王，公叔恐王之相公仲也，使齐、韩约而攻魏。公叔因内齐军于郑，以劫其君，以固其位，而信两国之约。

翟璜，魏王之臣也，而善于韩。乃召韩兵令之攻魏，因请为魏王构之以自重也。

越王攻吴王，吴王谢而告服，越王欲许之。范蠡、大夫种曰："不可。昔天以越与吴，吴不受；今天反夫差，亦天祸也。以吴予越，再拜受之，不可许也。"太宰嚭遗大夫种书曰："狡兔尽则良犬烹，敌国灭则谋臣亡。大夫何不释吴而患越乎？"大夫种受书读之，太息而叹曰："杀之，越与吴同命。"

大成牛从赵谓申不害于韩曰："以韩重我于赵，请以赵重子于韩，是子有两韩，我有两赵。"

司马喜，中山君之臣也，而善于赵，尝以中山之谋微告赵王。

吕仓，魏王之臣也，而善于秦、荆。微讽秦、荆令之攻魏，因请行和以自重也。

宋石，魏将也；卫君，荆将也。两国构难，二子皆将。宋石遗卫君书曰："二军相当，两旗相望，唯毋一战，战必不两存。此乃两主之事也，与子无有私怨，善者相避也。"

白圭相魏，暴谴相韩。白圭谓暴谴曰："子以韩辅我于魏，我以魏待子于韩，臣长用魏，子长用韩。"

三

齐中大夫有夷射者，御饮于王，醉甚而出，倚于郎门。门者刖跪请曰："足下无意赐之馀隶（"隶"赵用贤本作"沥"）乎？"夷射叱曰："去！刑馀之人，何事乃敢乞饮长者？"刖跪走退。及夷射去，刖跪因捐水郎门霤下，类溺者之状。明日，王出而诃之，曰："谁溺于是？"刖跪对曰："臣不见也。虽然，昨日中大夫夷射立于此。"王因诛夷射而杀之。

魏王臣二人不善济阳君,济阳君因伪令人矫王命而谋攻己。王使人问济阳君曰:“谁与恨?”对曰:“无敢与恨。虽然,尝与二人不善,不足以至于此。”王问左右,左右曰:“固然。”王因诛二人者。

季辛与爰骞相怨。司马喜新与季辛恶,因微令人杀爰骞,中山之君以为季辛也,因诛之。

荆王所爱妾有郑袖者。荆王新得美女,郑袖因教之曰:“王甚喜人之掩口也,为近王,必掩口。”美女入见,近王,因掩口。王问其故,郑袖曰:“此固言恶王之臭。”及王与郑袖、美女三人坐,袖因先诫御者曰:“王适有言,必亟听从王言。”美女前,近王甚,数掩口。王悖然怒曰:“劓之!”御因揄刀而劓美人。

一曰:魏王遗荆王美人,荆王甚悦之。夫人郑袖知王悦爱之也,亦悦爱之,甚于王。衣服玩好,择其所欲为之。王曰:“夫人知我爱新人也,其悦爱之甚于寡人,此孝子所以养亲、忠臣之所以事君也。”夫人知王之不以己为妒也,因为新人曰:“王甚悦爱子,然恶子之鼻,子见王,常掩鼻,则王长幸子矣。”于是新人从之,每见王,常掩鼻。王谓夫人曰:“新人见寡人常掩鼻,何也?”对曰:“不己知也。”王强问之,对曰:“顷尝言恶闻王(“王”《集解》误为“玉”,据乾道本改正)臭。”王怒曰:“劓之!”夫人先诫御者曰:“王适有言,必可从命。”御者因揄刀而劓美人。

费无极,荆令尹之近者也。郄宛新事令尹,令尹甚爱之。无极因谓令尹曰:“君爱宛甚,何不一为酒其家?”令尹曰:“善。”因令之为具于郄宛之家。无极教宛曰:“令尹甚傲而好兵,子必谨敬,先亟陈兵堂下及门庭。”宛因为之。令尹往而大惊,曰:“此何也?”无极曰:“君殆,去之!事未可知也。”令尹大怒,举兵而诛郄宛,遂杀之。

犀首与张寿为怨,陈需新入,不善犀首,因使人微杀张寿。魏王以为犀首也,乃诛之。

中山有贱公子，马甚瘦，车甚弊。左右有私不善者，乃为之请王曰："公子甚贫，马甚瘦，王何不益之马食？"王不许。左右因微令夜烧刍厩。王以为贱公子也，乃诛之。

魏有老儒而不善济阳君。客有与老儒私怨者，因攻老儒，杀之以德于济阳君，曰："臣为其不善君也，故为君杀之。"济阳君因不察而赏之。

一曰：济阳君有少庶子者，不见知，欲入爱于君者。齐使老儒掘药于马梨之山，济阳少庶子欲以为功，入见于君曰："齐使老儒掘药于马梨之山，名掘药也，实间君之国。君杀（王先谦曰"杀"上当有"不"字。）之，是将以济阳君抵罪于齐矣。臣请刺之。"君曰："可。"于是明日得之城阴而刺之，济阳君还益亲之。

四

陈需，魏王之臣也，善于荆王，而令荆攻魏。荆攻魏，陈需因请为魏王行解之，因以荆势相魏。

韩昭侯之时，黍种常（"常"乾道本作"尝"）贵，尠有。昭侯令人覆廪，廪吏果窃黍种而粜之甚多。

昭奚恤之用荆也，有烧仓廥窌（顾广圻曰"窌"当作"窌"）者，而不知其人。昭奚恤令吏执贩茅者而问之，果烧也。

昭僖侯之时，宰人上食而羹中有生肝焉。昭侯召宰人之次而诮之曰："若何为置生肝寡人羹中？"宰人顿首服死罪，曰："窃欲去尚宰人也。"

一曰：僖侯浴，汤中有砾。僖侯曰："尚浴免，则有当代者乎？"左右对曰："有。"僖侯曰："召而来。"谯之曰："何为置砾汤中？"对曰："尚浴免，则臣得代之，是以置砾汤中。"

文公之时，宰臣上炙而发绕之。文公召宰人而谯之曰："女欲寡人之哽邪？奚为以发绕炙？"宰人顿首再拜，请曰："臣有死罪三：援砺砥刀，利犹干将也，切肉，肉断而发不断，臣之罪一也；援锥贯脔，而不见发,臣之罪二也;奉炽炉,炭肉尽赤红,炙熟而发不焦,臣之罪三也。堂下得微有疾臣者乎?”公曰:“善。”乃召其下而谯之,果然,乃诛之。

一曰:晋平公觞客,少庶子进炙而发绕之,平公趣杀炮人,毋有反令。炮人呼天曰:“嗟乎! 臣有三罪,死而不自知乎!”平公曰:“何谓也?”对曰:“臣刀之利,风靡骨断而发不断,是臣之一死也;桑炭炙之,肉红白而发不焦,是臣之二死也;炙熟,又重睫而视之,发绕炙而目不见,是臣之三死也。意者堂下其有翳憎臣者乎? 杀臣不亦蚤乎?”

穰侯相秦而齐强。穰侯欲立秦为帝而齐不听,因请立齐为东帝,而不能成也。

五

晋献公之时,骊姬贵,拟于后妻,而欲以其子奚齐代太子申生,因患申生于君而杀之,遂立奚齐为太子。

郑君已立太子矣,而有所爱美女欲以其子为后。夫人恐,因用毒药贼君杀之。

卫州吁重于卫,拟于君,群臣百姓尽畏其势重。州吁果杀其君而夺之政。

公子朝,周太子也,弟公子根甚有宠于君。君死,遂以东周叛,分为两国。

楚成王以商臣为太子,既而又欲置公子职。商臣作乱,遂攻杀成王。

一曰:楚成王(王先慎曰此下当有“以”字)商臣为太子,既欲置公子职。商臣闻之,未察也,乃为其傅潘崇曰:“奈何察之也?”潘崇曰:“飨江芊而勿敬也。”太子听之。江芊曰:“呼! 役夫! 宜君王之欲废女而立职也。”商臣曰:“信矣。”潘崇曰:“能事之乎?”曰:“不能。”“能为之诸侯乎?”曰:“不能。”“能举大事乎?”曰:“能。”于是乃起宿营之甲而攻成王。成王请食熊膰而死，不许，遂自杀。

韩廆相韩哀侯，严遂重于君，二人甚相害也。严遂乃令人刺韩廆于朝，韩廆走君而抱之，遂刺韩廆而兼哀侯。

田恒相齐，阚止重于简公，二人相憎而欲相贼也。田恒因行私惠以取其国，遂杀简公而夺之政。

戴驩为宋太宰，皇喜重于君，二人争事而相害也，皇喜遂杀宋君而夺其政。

狐突曰："国君好内则太子危，好外则相室危。"

郑君问郑昭曰："太子亦何如？"对曰："太子未生也。"君曰："太子已置，而曰'未生'，何也？"对曰："太子虽置，然而君之好色不已，所爱有子，君必爱之，爱之则必欲以为后，臣故曰'太子未生'也。"

六

文王资费仲而游于纣之旁，令之谏纣而乱其心。

荆王使人之秦，秦王甚礼之。王曰："敌国有贤者，国之忧也。今荆王之使者甚贤，寡人患之。"群臣谏曰："以王之贤圣与国之资厚，愿荆王之贤人，王何不深知之而阴有之。荆以为外用也，则必诛之。"

仲尼为政于鲁，道不拾遗，齐景公患之。梨且谓景公曰："去仲尼犹吹毛耳。君何不迎之以重禄高位，遗哀公女乐以骄荣其意。哀公新乐之，必怠于政，仲尼必谏，谏必轻绝于鲁。"景公曰："善。"乃令犁且以女乐二八遗哀公，哀公乐之，果怠于政。仲尼谏，不听，去而之楚。

楚王谓干象曰："吾欲以楚扶甘茂而相之秦，可乎？"干象对曰："不可也。"王曰："何也？"曰："甘茂少而事史举先生，史举，上蔡之监门也，大不事君，小不事家，以苛刻闻天下。茂事之，顺焉。惠王之明，张仪之辨也，茂事之，取十官而免于罪，是茂贤也。"王曰："相人敌国而相贤，其不可何也？"干象曰："前时王使邵滑之越，五年而能亡越。所以然者，越乱而楚治也。日者知用之越，今忘之秦，不亦太亟忘乎？”王曰：“然则为之奈何？”干象对曰：“不如相共立。”王曰：“共立可相何也？”对曰：“共立少见爱幸，长为贵卿，被王衣，含杜若，握玉环，以听于朝，且利以乱秦矣。”

吴攻荆，子胥使人宣言于荆曰：“子期用，将击之；子常用，将去之。”荆人闻之，因用子常而退子期也。吴人击之，遂胜之。

晋献公欲伐虞、虢，乃遗之屈产之乘、垂棘之璧、女乐二八，以荣其意而乱其政。

叔向之谗苌弘也，为苌弘书，谓叔向曰：“于为我谓晋君，所与君期者，时可矣，何不亟以兵来？”因佯遗其书周君之庭而急去行。周以苌弘为卖周也，乃诛苌弘而杀之。

郑桓公将欲袭郐，先问郐之豪杰、良臣、辩智果敢之士，尽与姓名，择郐之良田赂之，为官爵之名而书之。因为设坛场郭门之外而埋之，衅之以鸡豭，若盟状。郐君以为内难也，而尽杀其良臣。桓公袭郐，遂取之。

七

秦侏儒善于荆王，而阴有善荆王左右而内重于惠文君，荆适有谋，侏儒常先闻之以告惠文君。

邺令襄疵，阴善赵王左右。赵王谋袭邺，襄疵常辄闻而先言之魏王。魏王备之，赵乃辄还。

卫嗣君之时，有人于县令之左右。县令发蓐而席弊甚，嗣公还，令人遗之席，曰：“吾闻汝今者发蓐而席弊甚，赐汝席。”县令大惊，以君为神也。

第十一卷

外储说左上第三十二

一

明主之道，如有若之应密子也。明主（陶鸿庆曰“明主”当作“人主”）之听言也，美其辩；其观行也，贤其远。故群臣士民之道言者，迂弘；其行身也，离世。其说在田鸠对荆王也。故墨子为木鸢，讴癸筑武宫。夫药酒用（陶鸿庆曰“用”乃“中”字之误。‘中’、‘忠’古通用）言，明君圣主之以独知也。

二

人主之听言也，不以功用为的，则说者多棘刺白马之说；不以仪的为关，则射者皆如羿也。人主于说也，皆如燕王学道也；而长说者，皆如郑人争年也。是以言有纤察微难而非务也，故李、惠、宋、墨（顾广圻曰“李”当作“季”，季梁也）皆画策也；论有迂深闳大，非用也，故畏（顾广圻曰或当作“魏”，魏牟也）、震（陈奇猷曰“震”疑“长”形近误。长，长卢子）、瞻、车（顾广圻曰或当作“陈”，陈骈也）、状（陈奇猷曰“状”当为“庄”，即庄周）皆鬼魅也；言而拂难坚确，非功也，故务、卞、鲍、介、墨翟（王先慎曰“墨翟”即“田仲”之讹）皆坚瓠也。且虞庆诎匠也而屋坏，范且穷工而弓折。是故求其诚者，非归饷也不可。

三

挟夫相为则责望，自为则事行。故父子或怨谯（顾广圻曰“谯”当依说作“谯”），取庸作者进美羹。说在文公之先宣言，与句践之称如皇也。故桓公藏蔡怒而攻楚，吴起怀瘳实而吮伤。且先王之赋颂，钟鼎之铭，皆播吾之迹、华山之博也。然先王所期者利也，所用者力也。筑社之谚，目（陈奇猷曰“目”疑为古文“以”之讹）辞说也。请许学者而行宛曼于先王，或者不宜今乎？如是，不能更也。郑县人得车厄也，卫人佐弋也，卜子妻象弊袴也，而其少者（王先谦曰“者”下夺“侍长者饮”四字）也。先王之言，有其所为小而世意之大者，有其所为大而世意之小者，未可必知也。说在宋人之解书，与梁人之读记也。故先王有郢书，而后世多燕说。夫不适国事而谋先王，皆归取度者也。

四

利之所在民归之，名之所彰士死之。是以功外于法而赏加焉，则上不信得所利于下；名外于法而誉加焉，则士劝名而下（“下”赵用贤本作“不”）畜之于君。故中章、胥已仕，而中牟之民弃田圃而随文学者邑之半；平公腓痛足痹而不敢坏坐，晋国之辞仕托者国之锤。此三士者，言袭法则官府之籍也，行中事则如令之民也，二君之礼太甚；若言离法而行远功，则绳外民也，二君又何礼之？礼之当亡。且居学之士，国无事不用力，有难不被甲。礼之，则惰修耕战之功；不礼，则周（卢文弨曰“周”当是“害”之讹）主上之法。国安则尊显，危则为屈公之威。人主奚得于居学之士哉？故明王论李疵视中山也。

五

《诗》曰：“不躬不亲，庶民不信。”傅说之以“无衣紫”，缓之以郑简、宋襄，责之以尊厚耕战。夫不明分，不责诚，而以躬亲位下，且为下走睡卧，与去（“去”赵用贤本作“夫”）掩弊微服。孔丘不知，故称犹盂；邹君不知，故先自僇。明主之道，如叔向赋猎与昭侯之奚听也。

六

小信成，则大信立，故明主积于信。赏罚不信，则禁令不行。说在文公之攻原，与箕郑救饿也。是以吴起须故人而食，文侯会虞人而猎。故明主信，如曾子杀彘也。患在尊厉王击警鼓，与李悝谩两和也。

右经

一

宓子贱治单父。有若见之曰："子何臞也？"宓子曰："君不知不齐不肖，使治单父，官事急，心忧之，故臞也。"有若曰："昔者舜鼓五弦、歌《南风》之诗而天下治。今以单父之细也，治之而忧，治天下将奈何乎？故有术而御之，身坐于庙堂之上，有处女子之色，无害于治；无术而御之，身虽瘁臞，犹未有益。"

楚王谓田鸠曰："墨子者，显学也。其身体则可，其言多不辩，何也？"曰："昔秦伯嫁其女于晋公子，令晋为之饰装，从文衣之媵七十人。至晋，晋人爱其妾而贱公女。此可谓善嫁妾，而未可谓善嫁女也。楚人有卖其珠于郑者，为木兰之柜，薰以桂椒，缀以珠玉，饰以玫瑰，辑以羽（"羽"道藏本作"翡"）翠。郑人买其椟而还其珠。此可谓善卖椟矣，未可谓善鬻珠也。今世之谈也，皆道辩说文辞之言，人主览其文而忘有用。墨子之说，传先王之道，论圣人之言，以宣告人。若辩其辞，则恐人怀其文、忘其直，以文害用也。此与楚人鬻珠、秦伯嫁女同类，故其言多不辩。"

墨子为木鸢，三年而成，蜚一日而败。弟子曰："先生之巧，至能使木鸢飞。"墨子曰："不如为车輗者巧也。用咫尺之木，不费一朝之事，而引三十石之任，致远力多，久于岁数。今我为鸢，三年成，蜚一日而败。"惠子闻之曰："墨子大巧，巧为輗，拙为鸢。"

宋王与齐仇也，筑武宫，讴癸倡，行者止观，筑者不倦。王闻，召而赐之。对曰："臣师射稽之讴，又贤于癸。"王召射稽使之讴，行者不止，筑者知倦。王曰："行者不止，筑者知倦，其讴不胜如癸美，何也？"对曰："王试度其功。"癸四板，射稽八板；擿其坚，癸五寸，射稽二寸。

夫良药苦于口，而智者劝而饮之，知其入而已己疾也。忠言拂于耳，而明主听之，知其可以致功也。

二

宋人有请为燕王以棘刺之端为母猴者，必三月斋，然后能观之。燕王因以三乘养之。右御冶工言王曰："臣闻人主无十日不燕之斋。今知王不能久斋以观无用之器也，故以三月为期。凡刻削者，以其所以削必小。今臣冶人也，无以为之削，此不然物也，王必察之。"王因囚而问之，果妄，乃杀之。冶又谓王曰："计无度量，言谈之士多棘刺之说也。"

一曰：燕王征巧术人，卫人请以棘刺之端为母猴。燕王说之，养之以五乘之奉。王曰："吾试观客为棘刺之母猴。"客曰："人主欲观之，必半岁不入宫，不饮酒食肉。雨霁日出，视之晏阴之间，而棘刺之母猴乃可见也。"燕王因养卫人，不能观其母猴。郑有台下之冶者谓燕王曰："臣，为削者也。诸微物必以削削之，而所削必大于削。今棘刺之端不容削锋，难以治棘刺之端。王试观客之削，能与不能可知也。"王曰："善。"谓卫人曰："客为棘，削之？"曰："以削。"王曰："吾欲观见之。"客曰："臣请之舍取之。"因逃。

兒说，宋人，善辩者也，持"白马非马也"服齐稷下之辩者。乘白马而过关，则顾白马之赋。故籍之虚辞，则能胜一国；考实按形，不能谩于一人。

夫新砥砺杀矢，彀弩而射，虽冥而妄发，其端未尝不中秋毫也，然而莫能复其处，不可谓善射，无常仪的也。设五寸之的，引十步之远，非羿、逢蒙不能必全者，有常仪的也。有度难而无度易也。有常仪的，则羿、逢蒙以五寸为巧；无常仪的，则以妄发而中秋毫为拙。故无度而应之，则辩士繁说；设度而持之，虽知者犹畏失也不敢妄言。今人主听说，不应之以度而说其辩；不度以功，誉其行而不入关。此人主所以长欺、而说者所以长养也。

客有教燕王为不死之道者，王使人学之，所使学者未及学而客死。王大怒，诛之。王不知客之欺己，而诛学者之晚也。夫信不然之物而诛无罪之臣，不察之患也。且人所急无如其身，不能自使其无死，安能使王长生哉？

郑人有相与争年者。一人曰："吾与尧同年。"其一人曰："我与黄帝之兄同年。"讼此而不决，以后息者为胜耳。

客有为周君画策者，三年而成。君观之，与髹策者同状。周君大怒。画策者曰："筑十版之墙，凿八尺之牖，而以日始出时加之其上而观。"周君为之，望见其状尽成龙蛇禽兽车马，万物之状备具。周君大悦。此策之功非不微难也，然其用与素髹策同。

客有为齐王画者，齐王问曰："画，孰最难者？"曰："犬马最难。""孰易者？"曰："鬼魅最易。"夫犬马，人所知也，旦暮罄于前，不可类之，故难。鬼魅，无形者，不罄于前，故易之也。

齐有居士田仲者，宋人屈穀见之，曰："穀闻先生之义，不恃人而食。今穀有树瓠之道，坚如石，厚而无窍，献之。"仲曰："夫瓠所贵者，谓其可以盛也。今厚而无窍，则不可剖以盛物；而任重如坚石，则不可以剖而以斟。吾无以瓠为也。"曰："然，穀将弃之。"今田仲不恃人而食，亦无益人之国，亦坚瓠之类也。

虞庆为屋，谓匠人曰："屋太尊。"匠人对曰："此新屋也，涂濡而椽生。夫濡涂重而生椽挠，以挠椽任重涂，此宜卑。"（乾道本"夫濡涂……此宜卑"十七字在下面"虞庆曰不然"之后，是虞庆之言，《集解》未细察赵用贤本而根据顾广圻校记将此改为匠人之言，大误）虞庆曰："不然。更日久，则涂干而椽燥。涂干则轻，椽燥则直，以直椽任轻涂，此益尊。"匠人诎，为之而屋坏。

一曰：虞庆将为屋，匠人曰："材生而涂濡。夫材生则挠，涂濡则重，以挠任重，今虽成，久必坏。"虞庆曰："材干则直，涂干则轻。今诚得干，日以轻直，虽久，必不坏。”匠人诎，作之，成，有间，屋果坏。

范且曰：“弓之折，必于其尽也，不于其始也。夫工人张弓也，伏檠三旬而蹈弦，一日犯机，是节之其始而暴之其尽也，焉得无折？且张弓不然。伏檠一日而蹈弦，三旬而犯机，是暴之其始而节之其尽也。”工人穷也，为之，弓折。

范且、虞庆之言，皆文辩辞胜而反事之情。人主说而不禁，此所以败也。夫不谋治强之功，而艳乎辩说文丽之声，是却有术之士而任坏屋折弓也。故人主之于国事也，皆不达乎工匠之搆屋张弓也。然而士穷乎范且、虞庆者：为虚辞，其无用而胜；实事，其无易而穷也。人主多无用之辩，而少无易之言，此所以乱也。今世之为范且、虞庆者不辍，而人主说之不止，是贵败折之类而以知术之人为工匠也。不得施其技巧，故屋坏弓折；知治之人不得行其方术，故国乱而主危。

夫婴儿相与戏也，以尘为饭，以涂为羹，以木为胾，然至日晚必归饟者，尘饭涂羹可以戏而不可食也。夫称上古之传颂，辩而不悫，道先王仁义而不能正国者，此亦可以戏而不可以为治也。夫慕仁义而弱乱者，三晋也；不慕而治强者，秦也；然而未帝者，治未毕也。

三

人为婴儿也，父母养之简，子长而怨；子盛壮成人，其供养薄，父母怒而诮之。子、父，至亲也，而或谯或怨者，皆挟相为而不周于为己也。夫卖庸而播耕者，主人费家而美食、调布而求易钱者，非爱庸客也，曰：如是，耕者且深、耨者熟耘也。庸客致力而疾耘耕者，尽巧而正畦陌畦畤者，非爱主人也，曰：如是，羹且美、钱布且易云也。此其养功力，有父子之泽矣，而心调于用者，皆挟自为心也。故人行事施予，以利之为心，则越人易和；以害之为心，则父子离且怨。

文公伐宋，乃先宣言曰：“吾闻宋君无道，蔑侮长老，分财不中，教令不信，余来为民诛之。”

越伐吴，乃先宣言曰："我闻吴王筑如皇之台，掘渊泉之池，罢苦百姓，煎靡财货，以尽民力，余来为民诛之。"

蔡女为桓公妻，桓公与之乘舟，夫人荡舟，桓公大惧，禁之不止，怒而出之。乃且复召之，因复更嫁之。桓公大怒，将伐蔡。仲父谏曰："夫以寝席之戏，不足以伐人之国，功业不可冀也，请无以此为稽也。"桓公不听。仲父曰："必不得已，楚之菁茅不贡于天子三年矣，君不如举兵为天子伐楚。楚服，因还袭蔡，曰：'余为天子伐楚而蔡不以兵听从。'因遂灭之。此义于名而利于实，故必有为天子诛之名，而有报雠之实。"

吴起为魏将而攻中山。军人有病疽者，吴起跪而自吮其脓。伤者母立而泣，人问曰："将军于若子如是，尚何为而泣？"对曰："吴起吮其父之创而父死，今是子又将死也，今吾是以泣。"

赵主父令工施钩梯而缘播吾，刻疏人迹其上，广三尺，长五尺，而勒之曰："主父常游于此。"

秦昭王令工施钩梯而上华山，以松柏之心为博，箭长八尺，棋长八寸，而勒之曰："昭王尝与天神博于此矣。"

文公反国，至河，令笾豆捐之，席蓐捐之，手足胼胝、面目黧黑者后之。咎犯闻之而夜哭。公曰："寡人出亡二十年，乃今得反国。咎犯闻之不喜而哭，意不欲寡人反国邪？"犯对曰："笾豆，所以食也，而君捐之；席蓐，所以卧也，而君弃之；手足胼胝、面目黧黑，劳有功者也，而君后之。今臣与在后，中不胜其哀，故哭。且臣为君行诈伪以反国者众矣，臣尚自恶也，而况于君？"再拜而辞。文公止之曰："谚曰：'筑社者，攓撅而置之，端冕而祀之。'今子与我取之，而不与我治之；与我置之，而不与我祀之焉。"乃解左骖而盟于河。

郑县人卜子使其妻为裤，其妻问曰："今裤何如？"夫曰："象吾故裤。"妻因毁新，令如故裤。

郑县人有得车轭者，而不知其名，问人曰："此何种也？"对曰：

“此车轭也。”俄又复得一，问人曰：“此是何种也？”对曰：“此车轭也。”问者大怒曰：“曩者曰车轭，今又曰车轭，是何众也？此女欺我也！”遂与之斗。

卫人有佐弋者，鸟至，因先以其裷麾之，鸟惊而不射也。

郑县人卜子妻之市，买鳖以归。过颍水，以为渴也，因纵而饮之，遂亡其鳖。

夫少者侍长者饮，长者饮，亦自饮也。

一曰：鲁人有自喜者，见长年饮酒不能釂则唾之，亦效唾之。

一曰：宋人有少者亦欲效善，见长者饮无馀，非斟酒饮也而欲尽之。

书曰：“绅之束之。”宋人有治者，因重带自绅束也。人曰：“是何也？”对曰：“书言之，固然。”

书曰：“既雕既琢，还归其朴。”梁人有治者，动作言学，举事于文，曰：“难之。”顾失其实。人曰：“是何也？”对曰：“书言之，固然。”

郢人有遗燕相国书者，夜书，火不明，因谓持烛者曰：“举烛。”而误书“举烛”。举烛，非书意也。燕相国受书而说之，曰：“举烛者，尚明也；尚明也者，举贤而任之。”燕相白王，王大悦；国以治。治则治矣，非书意也。今世学者多似此类。

郑人有欲买履者，先自度其足而置之其坐，至之市而忘操之。已得履，乃曰：“吾忘持度。”反归取之。及反，市罢，遂不得履。人曰：“何不试之以足？”曰：“宁信度，无自信也。”

四

王登为中牟令，上言于襄主曰：“中牟有士曰中章、胥已者，其身甚修，其学甚博，君何不举之？”主曰：“子见之，我将为中大夫。”相室谏曰：“中大夫，晋重列也。今无功而受，非晋臣之意。君其耳而未之目邪！”襄主曰：“我取登，既耳而目之矣；登之所取，又耳而目之；是耳目人绝无已也。”王登一日而见二中大夫，予之田宅。中牟之人弃其田耘、卖宅圃而随文学者，邑之半。

叔向御坐，平公请事，公腓痛足痹转筋而不敢坏坐。晋国闻之，皆曰："叔向贤者，平公礼之，转筋而不敢坏坐。"晋国之辞仕托、慕叔向者，国之锤矣。

郑县人有屈公者，闻敌，恐，因死；恐已，因生。

赵主父使李疵视中山可攻不也。还报曰："中山可伐也。君不亟伐，将后齐、燕。"主父曰："何故可攻？"李疵对曰："其君见好岩穴之士，所倾盖与车以见穷闾隘巷之士以十数，伉礼下布衣之士以百数矣。"君曰："以子言论，是贤君也，安可攻？"疵曰："不然。夫好显岩穴之士而朝之，则战士怠于行陈；上尊学者，下士居朝，则农夫惰于田。战士怠于行陈者，则兵弱也；农夫惰于田者，则国贫也。兵弱于敌，国贫于内，而不亡者，未之有也。伐之不亦可乎？"主父曰："善。"举兵而伐中山，遂灭也。

五

齐桓公好服紫，一国尽服紫。当是时也，五素不得一紫。桓公患之，谓管仲曰："寡人好服紫，紫贵甚，一国百姓好服紫不已，寡人奈何？"管仲曰："君欲止之，何不试勿衣紫也？谓左右曰：'吾甚恶紫之臭。'于是左右适有衣紫而进者，公必曰：'少却！吾恶紫臭。'"公曰："诺。"于是日，郎中莫衣紫；其明日，国中莫衣紫；三日，境内莫衣紫也。

一曰：齐王好衣紫，齐人皆好也。齐国五素不得一紫，齐王患紫贵。傅说王曰："《诗》云：'不躬不亲，庶民不信。'今王欲民无衣紫者，王请自解紫衣而朝。群臣有紫衣进者，曰：'益远！寡人恶臭。'"是日也，郎中莫衣紫；是月也，国中莫衣紫；是岁也，境内莫衣紫。

郑简公谓子产曰："国小，迫于荆、晋之间。今城郭不完，兵甲不备，不可以待不虞。"子产曰："臣闭其外也已远矣，而守其内也已固矣，虽国小，犹不危之也。君其勿忧！"是以没简公身无患。

子产相郑,简公谓子产曰:“饮酒不乐也。俎豆不大,钟鼓竽瑟不鸣,寡人之事不一,国家不定,百姓不治,耕战不辑睦,亦子之罪。子有职,寡人亦有职,各守其职。”子产退而为政五年,国无盗贼,道不拾遗,桃枣之荫于街者莫援也,锥刀遗道三日可反。三年不变,民无饥也。

宋襄公与楚人战于涿谷上。宋人既成列矣,楚人未及济。右司马购强趋而谏曰:“楚人众而宋人寡。请使楚人半涉未成列而击之,必败。”襄公曰:“寡人闻君子曰:‘不重伤,不擒二毛,不推人于险,不迫人于阨,不鼓不成列。’今楚未济而击之,害义。请使楚人毕涉成陈而后鼓士进之。”右司马曰:“君不爱宋民,腹心不完,特为义耳。”公曰:“不反列,且行法。”右司马反列,楚人已成列撰陈矣,公乃鼓之。宋人大败,公伤股,三日而死。此乃慕自亲仁义之祸。夫必恃人主之自躬亲而后民听从,是则将令人主耕以为上(王先慎曰“上”当作“食”),服战雁行也,民乃肯耕战,则人主不泰危乎?而人臣不泰安乎?

齐景公游少海,传骑从中来谒曰:“婴疾甚,且死,恐公后之。”景公遽起,传骑又至。景公曰:“趋驾烦且之乘,使驺子韩枢御之。”行数百步,以驺为不疾,夺辔代之御;可数百步,以马为不进,尽释车而走。以烦且之良而驺子韩枢之巧,而以为不如下走也。

魏昭王欲与官事,谓孟尝君曰:“寡人欲与官事。”君曰:“王欲与官事,则何不试习读法?”昭王读法十余简而睡卧矣。王曰:“寡人不能读此法。”夫不躬亲其势柄,而欲为人臣所宜为者也,睡不亦宜乎?

孔子曰:“为人君者,犹盂也;民,犹水也。盂方水方,盂圜水圜。”

邹君好服长缨,左右皆服长缨,缨甚贵。邹君患之,问左右,左右曰:“君好服,百姓亦多服,是以贵。”君因先自断其缨而出,国中皆不服长缨。君不能下令为百姓服度以禁之,乃断缨出以示民,是先戮以莅民也。

叔向赋猎，功多者受多，功少者受少。

韩昭侯谓申子曰：“法度甚不易行也。”申子曰：“法者，见功而与赏，因能而受官。今君设法度而听左右之请，此所以难行也。”昭侯曰：“吾自今以来知行法矣，寡人奚听矣？”一日，申子请仕其从兄官。昭侯曰：“非所学于子也。听子之谒，败子之道乎？亡其用子之谒？”申子辟舍请罪。

六

晋文公攻原，裹十日粮，遂与大夫期十日。至原十日而原不下，击金而退，罢兵而去。士有从原中出者，曰：“原三日即下矣。”群臣左右谏曰：“夫原之食竭力尽矣，君姑待之。”公曰：“吾与士期十日，不去，是亡吾信也。得原失信，吾不为也。”遂罢兵而去。原人闻曰：“有君如彼其信也，可无归乎？”乃降公。卫人闻曰：“有君如彼其信也，可无从乎？”乃降公。孔子闻而记之曰：“攻原得卫者，信也。”

文公问箕郑曰：“救饿奈何？”对曰：“信。”公曰：“安信？”曰：“信名。信名，则群臣守职，善恶不逾，百事不怠；信事，则不失天时，百姓不逾；信义，则近亲劝勉而远者归之矣。”

吴起出，遇故人而止之食。故人曰：“诺。”期返而食。吴子曰：“待公而食。”故人至暮不来，吴起至暮不食而待之。明日早，令人求故人。故人来，方与之食。

魏文侯与虞人期猎。明日，会天疾风，左右止文侯，不听，曰：“不可。以风疾之故而失信，吾不为也。”遂自驱车往，犯风而罢虞人。

曾子之妻之市，其子随之而泣。其母曰：“女还，顾反为女杀彘。”妻适市来，曾子欲捕彘杀之。妻止之曰：“特与婴儿戏耳。”曾子曰：“婴儿非与戏也。婴儿非有知也，待父母而学者也，听父母之教。今子欺之，是教子欺也。母欺子，子而不信其母，非以成教也。”遂烹彘也。

楚厉王有警鼓，与百姓为戒。饮酒醉，过而击，民大惊。使人止之，曰："吾醉而与左右戏而击之也。"民皆罢。居数月，有警，击鼓而民不赴。乃更令明号而民信之。

李悝警其两和，曰："谨警敌人，旦暮且至击汝。"如是者再三而敌不至，两和懈怠，不信李悝。居数月，秦人来袭之，至，几夺其军。此不信患也。

一曰：李悝与秦人战，谓左和曰："速上！右和已上矣。"又驰而至右和曰："左和已上矣。"左右和曰："上矣。"于是皆争上。其明年，与秦人战。秦人袭之，至，几夺其军。此不信之患。

有相与讼者，子产离之，而毋得(《集解》脱"得"字，据乾道本补)使通辞，到至(道藏本无"至"字)其言以告而知也。

惠(王先慎曰"惠"当作"卫")嗣公使人伪关市，关市呵难之。因事关市以金，关市乃舍之。嗣公谓关市曰："某时有客过而予汝金，因谴之。"关市大恐，以嗣公为明察。

第十二卷

外储说左下第三十三

一

以罪受诛，人不怨上，跀危坐子皋；以功受赏，臣不德君，翟璜操右契而乘轩。襄王不知，故昭卯五乘而履屩。上不过任，臣不诬能，即臣将为失(顾广圻曰“失”当作“夫”)少室周。

二

恃势而不恃信，故东郭牙议管仲；恃术而不恃信，故浑轩非文公。故有术之主，信赏以尽能，必罚以禁邪。虽有驳行，必得所利。简主之相阳虎，哀公问“一足”。

三

失臣主之理，则文王自履而矜。不易朝燕之处，则季孙终身庄而遇贼。

四

利所禁，禁所利，虽神不行；誉所罪，毁所赏，虽尧不治。夫为门而不使入，委利而不使进，乱之所以产也。齐侯不听左右，魏主不听誉者，而明察照群臣，则钜不费金钱，孱不用璧。西门豹请复治邺，足以知之。犹盗婴儿之矜裘，与跀危子荣衣。子绰左右画，去蚁驱蝇。安得无桓公之忧索官、与宣王之患臞马也？

五

臣以卑俭为行，则爵不足以劝赏；宠光无节，则臣下侵逼。说在苗贲皇非献伯，孔子议晏婴。故仲尼论管仲与叔孙(道藏本作“孙叔”)敖。而出入之容变,阳虎之言见其臣也。而简主之应人臣也失主术。朋党相和,臣下得欲,则人主孤;群臣公举,下不相和,则人主明。阳虎将为赵武之贤、解狐之公,而简主以为枳棘,非所以教国也。

六

公室卑,则忌直言;私行胜,则少公功。说在文子之直言,武子之用杖;子产忠谏,子国谯怒;梁车用法,而成侯收玺;管仲以公,而国人谤怨。

右经

一

孔子相卫,弟子子皋为狱吏,刖人足,所跀者守门。人有恶孔子于卫君者,曰:“尼欲作乱。”卫君欲执孔子。孔子走,弟子皆逃,子皋从出门,跀危引之而逃之门下室中,吏追不得。夜半,子皋问跀危曰:“吾不能亏主之法令而亲跀子之足,是子报仇之时也,而子何故乃肯逃我? 我何以得此于子?”跀危曰:“吾断足也,固吾罪当之,不可奈何。然方公之欲治臣也,公倾侧法令,先后臣以言,欲臣之免也甚,而臣知之。及狱决罪定,公憱然不悦,形于颜色,臣见又知之。非私臣而然也,夫天性仁心固然也。此臣之所以悦而德公也。”

田子方从齐之魏,望翟黄乘轩骑驾出。方以为文侯也,移车异路而避之,则徒翟黄也。方问曰:“子奚乘是车也?”曰:“君谋欲伐中山,臣荐翟角而谋得;果且伐之,臣荐乐羊而中山拔;得中山,忧欲治之,臣荐李克而中山治。是以君赐此车。”方曰:“宠之称功尚薄。”

秦、韩攻魏,昭卯西说而秦、韩罢;齐、荆攻魏,卯东说而齐、荆罢。魏襄王养之以五乘将军。卯曰:“伯夷以将军葬于首阳山之下,而天下曰:‘夫以伯夷之贤与其称仁,而以将军葬,是手足不掩也。’今臣罢四国之兵,而王乃与臣五乘,此其称功,犹赢胜而履蹻。”

孔子曰:“善为吏者,树德;不能为吏者,树怨。概者,平量者也;

吏者,平法者也。治国者,不可失平也。”

少室周者,古之贞廉洁悫者也,为赵襄主力士。与中牟徐子角力,不若也,入言之襄主以自代也。襄主曰:“子之处,人之所欲也,何为言徐子以自代?”曰:“臣,以力事君者也。今徐子力多臣,臣不以自代,恐他人言之而为罪也。”

一曰:少室周为襄主骖乘,至晋阳,有力士牛子耕与角力,而不胜。周言于主曰:“主之所以使臣骑(顾广圻曰“骑”当作“骖”)乘者,以臣多力也。今有多力于臣者,愿进之。”

二

齐桓公将立管仲,令群臣曰:“寡人将立管仲为仲父。善者入门而左,不善者入门而右。”东郭牙中门而立。公曰:“寡人立管仲为仲父,令曰:‘善者左,不善者右。’今子何为中门而立?”牙曰:“以管仲之智,为能谋天下乎?”公曰:“能。”“以断,为敢行大事乎?”公曰:“敢。”牙曰:“君(顾广圻曰“君”当作“若”)知能谋天下,断敢行大事,君因专属之国柄焉。以管仲之能,乘公之势以治齐国,得无危乎?”公曰:“善。”乃令隰朋治内、管仲治外以相参。

晋文公出亡,箕郑挈壶餐而从,迷而失道,与公相失,饥而道泣,寝饿而不敢食。及文公反国,举兵攻原,克而拔之。文公曰:“夫轻忍饥馁之患而必全壶餐,是将不以原叛。”乃举以为原令。大夫浑轩闻而非之曰:“以不动壶餐之故,怙其不以原叛也,不亦无术乎?”故明主者,不恃其不我叛也,恃吾不可叛也;不恃其不我欺也,恃吾不可欺也。

阳虎议曰:“主贤明,则悉心以事之;不肖,则饰奸而试之。”逐于鲁,疑于齐,走而之赵,赵简主迎而相之。左右曰:“虎善窃人国政,何故相也?”简主曰:“阳虎务取之,我务守之。”遂执术而御之。阳虎不敢为非,以善事简主,兴主之强,几至于霸也。

鲁哀公问于孔子曰:“吾闻古者有夔一足,其果信有一足乎?”孔子对曰："不也，夔非一足也。夔者忿戾恶心，人多不说喜也。虽然，其所以得免于人害者，以其信也。人皆曰：'独此一，足矣。'夔非一足也，一而足也。"哀公曰："审而是，固足矣。"

一曰：哀公问于孔子曰："吾闻夔一足，信乎？"曰："夔，人也，何故一足？彼其无他异，而独通于声。尧曰：'夔一而足矣。'使为乐正。故君子曰：'夔有一，足。'非一足也。"

三

文王伐崇，至凤黄虚，袜系解，因自结。太公望曰："何为也？"王曰："君（顾广圻曰"君"上当有"上"字）与处，皆其师；中，皆其友；下，尽其使也。今皆先君（《集解》误为"王"，据乾道本改正）之臣，故无可使也。"

一曰：晋文公与楚人战，至黄凤之陵，履系解，因自结之。左右曰："不可以使人乎？"公曰："吾闻：上，君所与居，皆其所畏也；中，君之所与居，皆其所爱也；下，君之所与居，皆其所侮也。寡人虽不肖，先君之人皆在，是以难之也。"

季孙好士，终身庄，居处衣服常如朝廷。而季孙适懈，有过失，而不能长为也。故客以为厌易己，相与怨之，遂杀季孙。故君子去泰去甚。

南宫敬子问颜涿聚曰："季孙养孔子之徒，所朝服与坐者以十数而遇贼，何也？"曰："昔周成王近优侏儒以逞其意，而与君子断事，是能成其欲于天下。今季孙养孔子之徒，所朝服而与坐者以十数，而与优侏儒断事，是以遇贼。故曰：不在所与居，在所与谋也。"

孔子侍坐于鲁哀公，哀公赐之桃与黍。哀公曰："请用。"仲尼先饭黍而后啖桃，左右皆掩口而笑。哀公曰："黍者，非饭之也，以雪桃也。"仲尼对曰："丘知之矣。夫黍者，五谷之长也，祭先王为上盛。果蓏有六，而桃为下，祭先王不得入庙。丘之闻也，君子以贱雪贵，不闻以贵雪贱。今以五谷之长雪果蓏之下，是从上雪下也。丘以为妨义，故不敢以先于宗庙之盛也。”

赵简子谓左右曰：“车席泰美。夫冠虽贱，头必戴之；屦虽贵，足必履之。今车席如此大美，吾将何屩以履之？夫美下而耗上，妨义之本也。”

费仲说纣曰：“西伯昌贤，百姓悦之，诸侯附焉，不可不诛；不诛，必为殷祸。”纣曰：“子言义主，何可诛？”费仲曰：“冠虽穿弊，必戴于头；履虽五采，必践之于地。今西伯昌，人臣也，修义而人向之，卒为天下患，其必昌乎！人人（顾广圻曰下“人”字当作“臣”）不以其贤为其主，非可不诛也。且主而诛臣，焉有过？”纣曰：“夫仁义者，上所以劝下也。今昌好仁义，诛之不可。”三说不用，故亡。

齐宣王问匡倩曰：“儒者博乎？”曰：“不也。”王曰：“何也？”匡倩对曰：“博者贵枭，胜者必杀枭。杀枭者，是杀所贵也。儒者以为害义，故不博也。”又问曰：“儒者弋乎？”曰：“不也。弋者，从下害于上者也，是从下伤君也。儒者以为害义，故不弋。”又问：“儒者鼓瑟乎？”曰：“不也。夫瑟以小弦为大声，以大弦为小声，是大小易序，贵贱易位。儒者以为害义，故不鼓也。”宣王曰：“善。”仲尼曰：“与其使民谄下也，宁使民谄上。”

四

钜者，齐之居士；孱者，魏之居士。齐、魏之君不明，不能亲照境内，而听左右之言，故二子费金璧而求入仕也。

西门豹为邺令，清克洁悫，秋毫之端无私利也，而甚简左右。左右因相与比周而恶之。居期年，上计，君收其玺。豹自请曰：“臣昔者不知所以治邺，今臣得矣，愿请玺，复以治邺。不当，请伏斧锧之罪。”文侯不忍而复与之。豹因重敛百姓，急事左右。期年，上计，文侯迎而拜之。豹对曰：“往年臣为君治邺，而君夺臣玺；今臣为左右治邺，而君拜臣。臣不能治矣。”遂纳玺而去。文侯不受，曰：“寡人曩不知子，今知矣。愿子勉为寡人治之。”遂不受。

齐有狗盗之子与刖危子戏而相夸。盗子曰:“吾父之裘独有尾。”危子曰:“吾父独冬不失袴。”

子绰曰:“人莫能左画方而右画圆也。以肉去蚁,蚁愈多;以鱼驱蝇,蝇愈至。”

桓公谓管仲曰:“官少而索者众,寡人忧之。”管仲曰:“君无听左右之请,因能而受禄,录功而与官,则莫敢索官。君何患焉?”

韩宣子曰:“吾马菽粟多矣,甚臞,何也?寡人患之。”周市对曰:“使驺尽粟以食,虽无肥,不可得也。名为多与之,其实少,虽无臞,亦不可得也。主不审其情实,坐而患之,马犹不肥也。”

桓公问置吏于管仲,管仲曰:“辩察于辞,清洁于货,习人情,夷吾不如弦商,请立以为大理。登降肃让,以明礼待宾,臣不如隰朋,请立以为大行。垦草仞(俞樾曰“仞”当作‘挧’)邑,辟地生粟,臣不如宁武,请以为大田。三军既成陈,使士视死如归,臣不如公子成父,请以为大司马。犯颜极谏,臣不如东郭牙,请立以为谏臣。治齐,此五子足矣。将欲霸王,夷吾在此。”

五

孟献伯相鲁,堂下生藿藜,门外长荆棘,食不二味,坐不重席,无衣帛之妾,居不粟马,出不从车。叔向闻之,以告苗贲皇。贲皇非之曰:“是出主之爵禄以附下也。”

一曰:晋孟献伯拜上卿,叔向往贺,门有御,马不食禾。向曰:“子无二马二舆,何也?”献伯曰:“吾观国人尚有饥色,是以不秣马;班白者多徒行,故不二舆。”向曰:“吾始贺子之拜卿,今贺子之俭也。”向出,语苗贲皇曰:“助吾贺献伯之俭也。”苗子曰:“何贺焉?夫爵禄旗章,所以异功伐、别贤不肖也。故晋国之法,上大夫二舆二乘,中大夫二舆一乘,下大夫专乘,此明等级也。且夫卿必有军事,是故循(王渭曰“循”当作“修”)车马,比卒乘,以备戎事。有难,则以备不虞;平夷,则以给朝事。今乱晋国之政,乏不虞之备,以成节,以絜私名，献伯之俭也可与？又何贺？”

管仲相齐，曰：“臣贵矣，然而臣贫。”桓公曰：“使子有三归之家。”曰：“臣富矣，然而臣卑。”桓公使立于高、国之上。曰：“臣尊矣，然而臣疏。”乃立为仲父。孔子闻而非之曰：“泰侈逼上。”

一曰：管仲父出，朱盖青衣，置鼓而归，庭有陈鼎，家有三归。孔子曰：“良大夫也，其侈逼上。”

孙叔敖相楚，栈车牝马，粝饭菜羹，枯鱼之膳，冬羔裘，夏葛衣，面有饥色，则良大夫也，其俭逼下。

阳虎去齐走赵，简主问曰：“吾闻子善树人。”虎曰：“臣居鲁，树三人，皆为令尹；及虎抵罪于鲁，皆搜索于虎也。臣居齐，荐三人，一人得近王，一人为县令，一人为候吏；及臣得罪，近王者不见臣，县令者迎臣执缚，候吏者追臣至境上，不及而止。虎不善树人。”主俛而笑曰：“夫树柤梨橘柚者，食之则甘，嗅之则香（此四字《集解》脱，据乾道本补）；树枳棘者，成而刺人。故君子慎所树。”

中牟无令，晋（《集解》误为“鲁”，据乾道本改正）平公问赵武曰：“中牟，三国之股肱，邯郸之肩髀，寡人欲得其良令也，谁使而可？”武曰：“邢伯子可。”公曰：“非子之雠也？”曰：“私雠不入公门。”公又问曰：“中府之令，谁使而可？”曰：“臣子可。”故曰：“外举不避雠，内举不避子。”赵武所荐四十六人于其君（“于其君”三字乾道本无，王先慎据《太平御览》及《初学记》补），及武死，各就宾位，其无私德若此也。

平公问叔向曰：“群臣孰贤？”曰：“赵武。”公曰：“子党于师人。”向曰：“武立如不胜衣，言如不出口，然其所举士也数十人，皆令得其意，而公家甚赖之。况武子之生也不利于家，死不托于孤，臣敢以为贤也。”

解狐荐其雠于简主以为相。其雠以为且幸释己也，乃因往拜谢。狐乃引弓迎而射之，曰：“夫荐汝，公也，以汝能当之也。夫雠汝，吾私怨也，不以私怨汝之故，拥汝于吾君。”故私怨不入公门。

一曰：解狐举邢伯柳为上党守，柳往谢之，曰：“子释罪，敢不再拜？”曰：“举子，公也；怨子，私也。子往矣，怨子如初也。”

郑县人卖豚，人问其价。曰：“道远日暮，安暇语汝。”

六

范文子喜直言，武子击之以杖：“夫直议者，不为人所容，无所容，则危身。非徒危身，又将危父。”

子产者，子国之子也。子产忠于郑君，子国谯怒之曰：“夫介异于人臣，而独忠于主。主贤明，能听汝；不明，将不汝听。听与不听未可必知，而汝已离于群臣。离于群臣，则必危汝身矣。非徒危己也，又且危父矣。”

梁车为邺令，其姊往看之，暮而后至，闭门，因逾郭而入。车遂刖其足。赵成侯以为不慈，夺之玺而免之令。

管仲束缚，自鲁之齐，道而饥渴，过绮乌封人而乞食。乌封人跪而食之，甚敬。封人因窃谓仲曰：“适幸，及齐不死而用齐，将何报我？”曰：“如子之言，我且贤之用，能之使，劳之论。我何以报子？”封人怨之。

第十三卷

外储说右上第三十四

君所以治臣者有三:

一

势不足以化则除之。师旷之对,晏子之说,皆合(顾广圻曰“合”当作“舍”)势之易也而道行之难,是与兽逐走也,未知除患。患之可除,在子夏之说《春秋》也:“善持势者,蚤绝其奸萌。”故季孙让仲尼以遇势,而况错之于君乎?是以太公望杀狂矞,而臧获不乘骥。嗣公知之,故不驾鹿。薛公知之,故与二栾博。此皆知同异之反也。故明主之牧臣也,说在畜乌。

二

人主者,利害之轺毂也,射者众,故人主共矣。是以好恶见则下有因,而人主惑矣;辞言通则臣难言,而主不神矣。说在申子之言“六慎”,与唐易之言弋也。患在国羊之请变,与宣王之太息也。明之以靖郭氏之献十珥也,与犀首、甘茂之道穴闻也。堂溪公知术,故问玉卮;昭侯能术,故以听独寝。明主之道,在申子之劝独断也。

三

术之不行,有故。不杀其狗,则酒酸。夫国亦有狗,且左右皆社鼠也。人主无尧之再诛,与庄王之应太子,而皆有薄媪之决蔡妪也。知贵、不能,以教歌之法先揆之。吴起之出爱妻,文公之斩颠颉,皆违其情者也。故能使人弹疽者,必其忍痛者也。

右经

一

赏之誉之不劝，罚之毁之不畏，四者加焉不变，则除之。

齐景公之晋，从平公饮，师旷侍坐。始坐，景公问政于师旷曰：“太师将奚以教寡人？”师旷曰：“君必惠民而已。”中坐，酒酣，将出，又复问政于师旷曰：“太师奚以教寡人？”曰：“君必惠民而已矣。”景公出之舍，师旷送之，又问政于师旷。师旷曰：“君必惠民而已矣。”景公归，思，未醒，而得师旷之所谓：公子尾、公子夏者，景公之二弟也，甚得齐民，家富贵而民说之，拟于公室，此危吾位者也。今谓我惠民者，使我与二弟争民邪？于是反国，发廪粟以赋众贫，散府馀财以赐孤寡，仓无陈粟，府无馀财，宫妇不御者出嫁之，七十受禄米。鬻德惠施于民也，已与二弟争民。居二年，二弟出走，公子夏逃楚，公子尾走晋。

景公与晏子游于少海，登柏寝之台而还望其国，曰：“美哉！泱泱乎，堂堂乎！后世将孰有此？”晏子对曰：“其田成氏乎！”景公曰：“寡人有此国也，而曰田成氏有之，何也？”晏子对曰：“夫田成氏甚得齐民。其于民也，上之请爵禄行诸大臣，下之私大斗斛区釜以出贷，小斗斛区釜以收之。杀一牛，取一豆肉，馀以食士。终岁，布帛取二制焉，馀以衣士。故市木之价，不加贵于山；泽之鱼盐龟鳖蠃蚌，不加贵于海。君重敛，而田成氏厚施。齐尝大饥，道旁饿死者不可胜数也，父子相牵而趋田成氏者，不闻不生。故周秦之民相与歌之曰：‘讴乎，其已乎！苞乎，其往归田成子乎！’《诗》曰：‘虽无德与女，式歌且舞。’今田成氏之德而民之歌舞，民德归之矣。故曰：‘其田成氏乎！’”公泫然出涕曰：“不亦悲乎？寡人有国而田成氏有之。今为之奈何？”晏子对曰：“君何患焉？若君欲夺之，则近贤而远不肖，治其烦乱，缓其刑罚，振贫穷而恤孤寡，行恩惠而给不足，民将归君，则虽有十田成氏，其如君何？”

或曰：景公不知用势，而师旷、晏子不知除患。夫猎者，托车舆之安，用六马之足，使王良佐辔，则身不劳而易及轻兽矣。今释车舆之利，捐六马之足与王良之御，而下走逐兽，则虽楼季之足，无时及兽矣。托良马固车，则臧获有馀。国者，君之车也；势者，君之马也。夫不处势以禁诛擅爱之臣，而必德厚以与天下齐行以争民，是皆不乘君之车，不因马之利，释车而下走者也。故（《集解》误为“或”，据乾道本改正）曰：景公，不知用势之主也；而师旷、晏子，不知除患之臣也。

子夏曰：“《春秋》之记臣杀君、子杀父者，以十数矣。皆非一日之积也，有渐而以至矣。”凡奸者，行久而成积，积成而力多，力多而能杀，故明主蚤绝之。今田常之为乱，有渐见矣，而君不诛。晏子不使其君禁侵陵之臣，而使其主行惠，故简公受其祸。故子夏曰：“善持势者，蚤绝奸之萌。”

季孙相鲁，子路为郈令。鲁以五月起众为长沟，当此之时，子路以其私秩粟为浆饭，要作沟者于五父之衢而飡之。孔子闻之，使子贡往覆其饭，击毁其器，曰：“鲁君有民，子奚为乃飡之？”子路怫然怒，攘肱而入，请曰：“夫子疾由之为仁义乎？所学于夫子者，仁义也；仁义者，与天下共其所有而同其利者也。今以由之秩粟而飡民，其不可何也？”孔子曰：“由之野也！吾以女知之，女徒未及也。女故如是之不知礼也？女之飡（“飡”《集解》误为“沧”，据乾道本改正，下同）之，为爱之也。夫礼，天子爱天下，诸侯爱境内，大夫爱官职，士爱其家，过其所爱曰侵。今鲁君有民而子擅爱之，是子侵也，不亦诬乎？”言未卒，而季孙使者至，让曰：“肥也起民而使之，先生使弟子止徒役而飡之，将夺肥之民耶？”孔子驾而去鲁。以孔子之贤，而季孙非鲁君也，以人臣之资，假人主之术，蚤禁于未形，而子路不得行其私惠，而害不得生，况人主乎！以景公之势而禁田常之侵也，则必无劫弑之患矣。

太公望东封于齐，齐东海上有居士曰狂矞、华士昆弟二人者立议曰:“吾不臣天子,不友诸侯,耕作而食之,掘井而饮之,吾无求于人也。无上之名,无君之禄,不事仕而事力。”太公望至于营丘,使执而杀之以为首诛。周公旦从鲁闻之,发急传而问之曰:“夫二子,贤者也。今日飨国而杀贤者,何也?”太公望曰:“是昆弟二人立议曰:‘吾不臣天子,不友诸侯,耕作而食之,掘井而饮之,吾无求于人也。无上之名,无君之禄,不事仕而事力。’彼不臣天子者,是望不得而臣也;不友诸侯者,是望不得而使也;耕作而食之,掘井而饮之,无求于人者,是望不得以赏罚劝禁也。且无上名,虽知,不为望用;不仰君禄,虽贤,不为望功。不仕,则不治;不任,则不忠。且先王之所以使其臣民者,非爵禄则刑罚也。今四者不足以使之,则望当谁为君乎?不服兵革而显,不亲耕耨而名,又所以教于国也。今有马于此,如骥之状者,天下之至良也。然而驱之不前,却之不止,左之不左,右之不右,则臧获虽贱,不托其足。臧获之所愿托其足于骥者,以骥之可以追利辟害也。今不为人用,臧获虽贱,不托其足焉。已自谓以为世之贤士而不为主用,行极贤而不用于君,此非明主之所臣也,亦骥之不可左右矣,是以诛之。”

一曰:太公望东封于齐。海上有贤者狂矞,太公望闻之,往请焉,三却马于门而狂矞不报见也,太公望诛之。当是时也,周公旦在鲁,驰往止之;比至,已诛之矣。周公旦曰:“狂矞,天下贤者也,夫子何为诛之?”太公望曰:“狂矞也议不臣天子,不友诸侯,吾恐其乱法易教也,故以为首诛。今有马于此,形容似骥也,然驱之不往,引之不前,虽臧获不托足以旋其轸也。”

如耳说卫嗣公,卫嗣公说而太息。左右曰:“公何为不相也?”公曰:“夫马似鹿者而题之千金,然而有百金之马而无千金之鹿者,何也?马为人用而鹿不为人用也。今如耳,万乘之相也,外有大国之意,其心不在卫,虽辩智,亦不为寡人用,吾是以不相也。”

薛公之相魏昭侯也,左右有栾子者曰阳胡潘,其于王甚重,而不为薛公。薛公患之，于是乃召与之博，予之人百金，令之昆弟博；俄又益之人二百金。方博有间，谒者言客张季之子在门，公怫然怒，抚兵而授谒者曰："杀之！吾闻季之不为文也。"立有间。时季羽在侧，曰："不然。窃闻季为公甚，顾其人阴未闻耳。"乃辍不杀客，而大礼之，曰："曩者闻季之不为文也，故欲杀之；今诚为文也，岂忘季哉！"告廪献千石之粟，告府献五百金，告驺私厩献良马固车二乘，因令奄将宫人之美妾二十人并遗季也，栾子因相谓曰："为公者必利，不为公者必害，吾曹何爱不为公？"因私竞劝而遂为之。薛公以人臣之势，假人主之术也，而害不得生，况错之人主乎！

夫驯乌者断其下翎，则必恃人而食，焉得不驯乎？夫明主畜臣亦然，令臣不得不利君之禄，不得无服上之名。夫利君之禄，服上之名，焉得不服？

二

申子曰："上明见，人备之；其不明见，人惑之。其知见，人惑之；不知见，人匿之。其无欲见，人司之；其有欲见，人饵之。故曰：吾无从知之，惟无为可以规之。"

一曰：申子曰："慎而言也，人且知女；慎而行也，人且随女。而有知见也，人且匿女；而无知见也，人且意女。女有知也，人且臧女；女无知也，人且行女。故曰：惟无为可以规之。"

田子方问唐易鞠曰："弋者何慎？"对曰："鸟以数百目视子，子以二目御之，子谨周子廪。"田子方曰："善。子加之弋，我加之国。"郑长者闻之曰："田子方知欲为廪，而未得所以为廪。夫虚无无见者，廪也。"

一曰：齐宣王问弋于唐易子，曰："弋者奚贵？"唐易子曰："在于谨廪。"王曰："何谓谨廪？"对曰："鸟以数十目视人，人以二目视鸟，奈何其不谨廪也？故曰'在于谨廪'也。"王曰："然则为天下，何以异此廪？今人主以二目视一国，一国以万目视人主，将何以自为廪乎?”对曰:“郑长者有言曰:‘夫虚静无为而无见也。’其可以为此廪乎!”

国羊重于郑君,闻君之恶己也,侍饮,因先谓君曰:“臣适不幸而有过,愿君幸而告之。臣请变更,则臣免死罪矣。”

客有说韩宣王,宣王说而太息。左右引王之说之曰(“曰”迂评本作“以”)先告客以为德。

靖郭君之相齐也,王后死,未知所置,乃献玉珥以知之。

一曰:薛公相齐,齐威王夫人死,有十孺子皆贵于王,薛公欲知王所欲立,而请置一人以为夫人。王听之,则是说行于王,而重于置夫人也;王不听,是说不行,而轻于置夫人也。欲先知王之所欲置以劝王置之,于是为十玉珥而美其一而献之。王以赋十孺子。明日坐,视美珥之所在而劝王以为夫人。

甘茂相秦惠王,惠王爱公孙衍,与之间有所言,曰:“寡人将相子。”甘茂之吏道穴闻之,以告甘茂。甘茂入见王,曰:“王得贤相,臣敢再拜贺。”王曰:“寡人托国于子,安更得贤相?”对曰:“将相犀首。”王曰:“子安闻之?”对曰:“犀首告臣。”王怒犀首之泄,乃逐之。

一曰:犀首,天下之善将也,梁王之臣也。秦王欲得之与治天下,犀首曰:“衍,人臣也,不敢离主之国。”居期年,犀首抵罪于梁王,逃而入秦,秦王甚善之。樗里疾,秦之将也,恐犀首之代之将也,凿穴于王之所常隐语者,俄而王果与犀首计,曰:“吾欲攻韩,奚如?”犀首曰:“秋可矣。”王曰:“吾欲以国累子,子必勿泄也。”犀首反走再拜曰:“受命。”于是樗里疾已道穴听之矣。见郎中皆曰:“兵秋起攻韩,犀首为将。”于是日也,郎中尽知之;于是月也,境内尽知之。王召樗里疾曰:“是何匈匈也?何道出?”樗里疾曰:“似犀首也。”王曰:“吾无与犀首言也,其犀首何哉?”樗里疾曰:“犀首也羁旅,新抵罪,其心孤,是言自嫁于众。”王曰:“然。”使人召犀首,已逃诸侯矣。

堂溪公谓昭侯曰:“今有千金之玉卮而无当,可以盛水乎?”昭侯曰:“不可。”“有瓦器而不漏,可以盛酒乎?”昭侯曰:“可。”对曰:“夫瓦器,至贱也,不漏,可以盛酒。虽有千金之玉卮,至贵而无当,漏,不可盛水,则人孰注浆哉? 今为人主而漏其群臣之语,是犹无当之玉卮也。虽有圣智,莫尽其术,为其漏也。”昭侯曰:“然。”昭侯闻堂溪公之言,自此之后,欲发天下之大事,未尝不独寝,恐梦言而使人知其谋也。

一曰:堂溪公见昭侯曰:“今有白玉之卮而无当,有瓦卮而有当。君渴,将何以饮?”君曰:“以瓦卮。”堂溪公曰:“白玉之卮美而君不以饮者,以其无当耶?”君曰:“然。”堂溪公曰:“为人主而漏泄其群臣之语,譬犹玉卮之无当也。”堂溪公每见而出,昭侯必独卧,惟恐梦言泄于妻妾。

申子曰:“独视者谓明,独听者谓聪。能独断者,故可以为天下主。”

三

宋人有酤酒者,升概甚平,遇客甚谨,为酒甚美,县帜甚高,然而不售,酒酸。怪其故,问其所知闾长者杨倩。倩曰:“汝狗猛耶?”曰:“狗猛,则酒何故而不售?”曰:“人畏焉。或令孺子怀钱挈壶瓮而往酤,而狗迓而龁之,此酒所以酸而不售也。”夫国亦有狗,有道之士怀其术而欲以明万乘之主,大臣为猛狗迎而龁之,此人主之所以蔽胁,而有道之士所以不用也。故桓公问管仲曰:“治国最奚患?”对曰:“最患社鼠矣。”公曰:“何患社鼠哉?”对曰:“君亦见夫为社者乎?树木而涂之,鼠穿其间,掘穴托其中。熏之,则恐焚木;灌之,则恐涂阤。此社鼠之所以不得也。今人君之左右,出则为势重而收利于民,入则比周而蔽恶于君。内间主之情以告外,外内为重,诸臣百吏以为富。吏不诛则乱法,诛之则君不安,据而有之,此亦国之社鼠也。”故人臣执柄而擅禁,明为己者必利,而不为己者必害,此亦猛狗也。夫大臣为猛狗而龁有道之士矣,左右又为社鼠而间主之情,人主不觉。如此,主焉得无壅,国焉得无亡乎?

一曰:宋之酤酒者有庄氏者,其酒常美。或使仆往酤庄氏之酒,其狗龁人,使者不敢往,乃酤佗家之酒。问曰:“何为不酤庄氏之酒?”对曰:“今日庄氏之酒酸。”故曰:不杀其狗则酒酸。

一曰:桓公问管仲曰:“治国何患?”对曰:“最苦社鼠。夫社,木而涂之,鼠因自托也。熏之则木焚,灌之则涂阤,此所以苦于社鼠也,今人君左右,出则为势重以收利于民,入则比周谩侮蔽恶以欺于君。不诛则乱法,诛之则人主危,据而有之,此亦社鼠也。”故人臣执柄擅禁,明为己者必利,不为己者必害,亦猛狗也。故左右为社鼠,用事者为猛狗,则术不行矣。

尧欲传天下于舜。鲧谏曰:“不祥哉!孰以天下而传之于匹夫乎?”尧不听,举兵而诛杀鲧于羽山之郊。共工又谏曰:“孰以天下而传之于匹夫乎?”尧不听,又举兵而流共工于幽州之都。于是天下莫敢言无传天下于舜。仲尼闻之曰:“尧之知舜之贤,非其难者也。夫至乎诛谏者、必传之舜,乃其难也。”一曰:“不以其所疑败其所察,则难也。”

荆庄王有茅门之法曰:“群臣大夫诸公子入朝,马蹄践霤者,廷理斩其辀,戮其御。”于是太子入朝,马蹄践霤,廷理斩其辀,戮其御。太子怒,入,为王泣曰:“为我诛戮廷理。”王曰:“法者,所以敬宗庙、尊社稷。故能立法从令尊敬社稷者,社稷之臣也,焉可诛也?夫犯法废令不尊敬社稷者,是臣乘君而下尚校也。臣乘君,则主失威;下尚校,则上位危。威失位危,社稷不守,吾将何以遗子孙?”于是太子乃还走,避舍露宿三日,北面再拜请死罪。

一曰:楚王急召太子。楚国之法:车不得至于茆门。天雨,廷中有潦,太子遂驱车至于茆门。廷理曰:“车不得至茆门。非法也。”太子曰:“王召急,不得须无潦。”遂驱之。廷理举殳而击其马,败其驾。太子入,为王泣曰:“廷中多潦,驱车至茆门,廷理曰‘非法也’,举殳击臣马，败臣驾。王必诛之。”王曰：“前有老主而不逾，后有储主而不属，矜矣！是真吾守法之臣也。”乃益爵二级。而开后门出太子：“勿复过！”

卫嗣君谓薄疑曰：“子小寡人之国以为不足仕，则寡人力能仕子，请进爵以子为上卿。”乃进田万顷。薄子曰：“疑之母亲疑，以疑为能相万乘所不窕也。然疑家巫有蔡妪者，疑母甚爱信之，属之家事焉。疑智足以信言家事，疑母尽以听疑也；然已与疑言者，亦必复决之于蔡妪也。故论疑之智能，以疑为能相万乘而不窕也；论其亲，则子母之间也；然犹不免议之于蔡妪也。今疑之于人主也，非子母之亲也，而人主皆有蔡妪。人主之蔡妪，必其重人也。重人者，能行私者也。夫行私者，绳之外也；而疑之所言，法之内也。绳之外与法之内，雠也，不相受也。”

一曰：卫君之晋，谓薄疑曰：“吾欲与子皆行。”薄疑曰：“媪也在中，请归与媪计之。”卫君自请薄媪。曰（道藏本“曰”上有“薄媪”二字）：“疑，君之臣也，君有意从之，甚善。”卫君曰：“吾以请之媪，媪许我矣。”薄疑归，言之媪也，曰：“卫君之爱疑奚与媪？”媪曰：“不如吾爱子也。”“卫君之贤疑奚与媪也？”曰：“不如吾贤子也。”“媪与疑计家事，已决矣，乃更请决之于卜者蔡妪。今卫君从疑而行，虽与疑决计，必与他蔡妪败之。如是，则疑不得长为臣矣。”

夫教歌者，使先呼而诎之，其声反清徵者，乃教之。

一曰：教歌者，先揆以法，疾呼中宫，徐呼中徵。疾不中宫，徐不中徵，不可谓教。

吴起，卫左氏中人也，使其妻织组而幅狭于度。吴子使更之。其妻曰：“诺。”及成，复度之，果不中度，吴子大怒。其妻对曰：“吾始经之而不可更也。”吴子出之。其妻请其兄而索入。其兄曰：“吴子，为法者也。其为法也，且欲以与万乘致功，必先践之妻妾然后行之，子毋几索入矣。”其妻之弟又重于卫君，乃因以卫君之重请吴子。吴子不听，遂去卫而入荆也。

一曰：吴起示其妻以组曰："子为我织组，令之如是。"组已就而效之，其组异善。起曰："使子为组，令之如是，而今也异善，何也？"其妻曰："用财若一也，加务善之。"吴起曰："非语也。"使之衣而归。其父往请之，吴起曰："起家无虚言。"

晋文公问于狐偃曰："寡人甘肥周于堂，卮酒豆肉集于宫，壶酒不清，生肉不布，杀一牛遍于国中，一岁之功尽以衣士卒，其足以战民乎？"狐子曰："不足。"文公曰："吾弛关市之征而缓刑罚，其足以战民乎？"狐子曰："不足。"文公曰："吾民之有丧资者，寡人亲使郎中视事，有罪者赦之，贫穷不足者与之，其足以战民乎？"狐子对曰："不足。此皆所以慎产也；而战之者，杀之也。民之从公也，为慎产也，公因而迎杀之，失所以为从公矣。"曰："然则何如足以战民乎？"狐子对曰："令无得不战。"公曰："无得不战奈何？"狐子对曰："信赏必罚，其足以战。"公曰："刑罚之极安至？"对曰："不辟亲贵，法行所爱。"文公曰："善。"明日令田于圃陆，期以日中为期，后期者行军法焉。于是公有所爱者曰颠颉，后期，吏请其罪，文公陨涕而忧。吏曰："请用事焉！"遂斩颠颉之脊，以徇百姓，以明法之信也。而后百姓皆惧曰："君于颠颉之贵重如彼甚也，而君犹行法焉，况于我则何有矣！"文公见民之可战也，于是遂兴兵伐原，克之。伐卫，东其亩，取五鹿。攻阳；胜虢；伐曹；南围郑，反之陴；罢宋围。还与荆人战城濮，大败荆人；返为践土之盟，遂成衡雍之义。一举而八有功。所以然者，无他故异物，从狐偃之谋，假颠颉之脊也。

夫痤疽之痛也，非刺骨髓，则烦心不可支也；非如是，不能使人以半寸砥石弹之。今人主之于治亦然：非不知有苦，则安；欲治其国，非如是不能听圣知而诛乱臣。乱臣者，必重人；重人者，必人主所甚亲爱也。人主所甚亲爱也者，是同坚白也。夫以布衣之资，欲以离人主之坚白、所爱，是以解左髀说右髀者，是身必死而说不行者也。

第十四卷

外储说右下第三十五

一

赏罚共，则禁令不行。何以明之？以造父、于期。子罕为出彘，田恒为圃池，故宋君、简公弑。患在王良、造父之共车，田连、成窍之共琴也。

二

治强生于法，弱乱生于阿，君明于此，则正赏罚而非仁下也。爵禄生于功，诛罚生于罪，臣明于此，则尽死力而非忠君也。君通于不仁，臣通于不忠，则可以王矣。昭襄知主情，而不发五苑；田鲔知臣情，故教田章；而公仪辞鱼。

三

明主者，鉴于外也，而外事不得不成，故苏代非齐王。人主鉴于上也，而居者不适不显，故潘寿言禹情。人主无所觉悟，方吾知之，故恐同衣于族，而况借于权乎！吴章知之，故说以佯，而况借于诚乎！赵王恶虎目而壅。明主之道，如周行人之却卫侯也。

四

人主者，守法责成以立功者也。闻有吏虽乱而有独善之民，不闻有乱民而有独治之吏，故明主治吏不治民。说在摇木之本与引网之纲。故失火之啬夫，不可不论也。救火者，吏操壶走火，则一人之用也；操鞭使人，则役万夫。故所遇术者，如造父之遇惊马，牵马推车则不能进，代御执辔持策则马咸骛矣。是以说在椎锻平夷，榜檠矫直。不然,败在淖齿用齐戮闵王,李兑用赵饿主父也。

五

因事之理,则不劳而成。故兹郑之踞辕而歌以上高梁也。其患在赵简主税吏请轻重;薄疑之言“国中饱”,简主喜而府库虚,百姓饿而奸吏富也。故桓公巡民而管仲省腐财怨女。不然,则在延陵乘马不得进,造父过之而为之泣也。

右经

一

造父御四马,驰骤周旋而恣欲于马。恣欲于马者,擅辔策之制也。然马惊于出彘,而造父不能禁制者,非辔策之严不足也,威分于出彘也。王子于期为驸驾,辔策不用而择欲于马,擅刍水之利也。然马过于圃池而驸马(顾广圻曰“马”当作“驾”)败者,非刍水之利不足也,德分于圃池也。故王良、造父,天下之善御者也,然而使王良操左革而叱咤之,使造父操右革而鞭笞之,马不能行十里,共故也。田连、成窍,天下善鼓琴者也,然而田连鼓上、成窍擫下而不能成曲,亦共故也。夫以王良、造父之巧,共辔而御不能使马,人主安能与其臣共权以为治?以田连、成窍之巧,共琴而不能成曲,人主又安能与其臣共势以成功乎?

一曰:造父为齐王驸驾,渴马服成,效驾圃中。渴马见圃池,去车走池,驾败。王子于期为赵简主取道争千里之表,其始发也,彘伏沟中。王子于期齐辔策而进之,彘突出于沟中,马惊,驾败。

司城子罕谓宋君曰:“庆赏赐与,民之所喜也,君自行之;杀戮诛罚,民之所恶也,臣请当之。”宋君曰:“诺。”于是出威令,诛大臣,君曰:“问子罕也。”于是大臣畏之,细民归之。处期年,子罕杀宋君而夺政。故子罕为出彘以夺其君国。

简公在上位,罚重而诛严,厚赋敛而杀戮民。田成恒设慈爱,明宽厚。简公以齐民为渴马,不以恩加民,而田成恒以仁厚为圃池也。

一曰:造父为齐王驸驾,以渴服马,百日而服成。服成,请效驾齐王,王曰:“效驾于圃中。”造父驱车入圃,马见圃池而走,造父不能禁。造父以渴服马久矣,今马见池,駻而走,虽造父不能治。今简公之法禁其众久矣,而田成恒利之,是田成恒倾圃池而示渴民也。

一曰:王子於期为宋君为千里之逐。已驾,察手吻文。且发矣,驱而前之,轮中绳;引而却之,马掩迹。拊而发之,彘逸出于窦中。马退而却,策不能进前也;马駻而走,辔不能止也。

一曰:司城子罕谓宋君曰:“庆赏赐予者,民之所好也,君自行之;诛罚杀戮者,民之所恶也,臣请当之。”于是戮细民而诛大臣,君曰:“与子罕议之。”居期年,民知杀生之命制于子罕也,故一国归焉。故子罕劫宋君而夺其政,法不能禁也。故曰:“子罕为出彘,而田成常为圃池也。”令王良、造父共车,人操一边辔而入门闾,驾必败而道不至也。令田连、成窍共琴,人抚一弦而挥,则音必败、曲不遂矣。

二

秦昭王有病,百姓里买牛而家为王祷。公孙述出见之,入贺王曰:“百姓乃皆里买牛为王祷。”王使人问之,果有之。王曰:“訾之人二甲。夫非令而擅祷者,是爱寡人也。夫爱寡人,寡人亦且改法而心与之相循者,是法不立;法不立,乱亡之道也。不如人罚二甲而复与为治。”

一曰:秦襄王病,百姓为之祷;病愈,杀牛塞祷。郎中阎遏、公孙衍出见之,曰:“非社腊之时也,奚自杀牛而祠社?”怪而问之。百姓曰:“人主病,为之祷;今病愈,杀牛塞祷。”阎遏、公孙衍说,见王,拜贺曰:“过尧、舜矣。”王惊曰:“何谓也?”对曰:“尧、舜,其民未至为之祷也。今王病,而民以牛祷;病愈,杀牛塞祷。故臣窃以王为过尧、舜也。”王因使人问之何里为之,訾其里正与伍老屯二甲。阎遏、公孙衍愧不敢言。居数月,王饮酒酣乐,阎遏、公孙衍谓王曰:“前时臣窃以王为过尧、舜,非直敢谀也。尧、舜病,且其民未至为之祷也;

今王病而民以牛祷,病愈,杀牛塞祷。今乃訾其里正与伍老屯二甲,臣窃怪之。”王曰:“子何故不知于此?彼民之所以为我用者,非以吾爱之为我用者也,以吾势之为我用者也。吾释势与民相收,若是,吾适不爱而民因不为我用也,故遂绝爱道也。”

秦大饥,应侯请曰:“五苑之草著:蔬菜、橡果、枣栗,足以活民,请发之。”昭襄王曰:“吾秦法,使民有功而受赏,有罪而受诛。今发五苑之蔬果者,使民有功与无功俱赏也。夫使民有功与无功俱赏者,此乱之道也。夫发五苑而乱,不如弃枣蔬而治。”一曰:“令发五苑之蓏、蔬、枣、栗,足以活民,是使民有功与无功互争取也。夫生而乱,不如死而治,大夫其释之。”

田鲔教其子田章曰:“欲利而身,先利而君;欲富而家,先富而国。”

一曰:田鲔教其子田章曰:“主卖官爵,臣卖智力。故曰:自恃无恃人。”

公仪休相鲁而嗜鱼,一国尽争买鱼而献之,公仪子不受。其弟谏曰:“夫子嗜鱼而不受者,何也?”对曰:“夫唯嗜鱼,故不受也。夫即受鱼,必有下人之色;有下人之色,将枉于法;枉于法,则免于相。虽嗜鱼,此不必能自给致我鱼,我又不能自给鱼。即无受鱼而不免于相,虽嗜鱼,我能长自给鱼。”此明夫恃人不如自恃也,明于人之为己者不如己之自为也。

三

子之相燕,贵而主断。苏代为齐使燕,王问之曰:“齐王亦何如主也?”对曰:“必不霸矣。”燕王曰:“何也?”对曰:“昔桓公之霸也,内事属鲍叔,外事属管仲,桓公被发而御妇人,日游于市。今齐王不信其大臣。”于是燕王因益大信子之。子之闻之,使人遗苏代金百镒,而听其所使之。

一曰:苏代为秦(陈奇猷曰“秦”当作“齐”)使燕,见无益子之,则必不得事而还，贡赐又不出，于是见燕王，乃誉齐王。燕王曰："齐王何若是之贤也？则将必王乎？"苏代曰："救亡不暇，安得王哉？"燕王曰："何也？"曰："其任所爱不均。"燕王曰："其亡何也？"曰："昔者齐桓公爱管仲，置以为仲父，内事理焉，外事断焉，举国而归之，故一匡天下，九合诸侯。今齐任所爱不均，是以知其亡也。"燕王曰："今吾任子之，天下未之闻也。"于是明日张朝而听子之。

潘寿谓燕王曰："王不如以国让子之。人所以谓尧贤者，以其让天下于许由，许由必不受也，则是尧有让许由之名而实不失天下也。今王以国让子之，子之必不受也，则是王有让子之之名而与尧同行也。"于是燕王因举国而属之，子之大重。

一曰：潘寿，阚者，燕使人聘之。潘寿见燕王曰："臣恐子之之如益也。"王曰："何益哉？"对曰："古者禹死，将传天下于益，启之人因相与攻益而立启。今王信爱子之，将传国子之，太子之人尽怀印，为子之之人无一人在朝廷者。王不幸弃群臣，则子之亦益也。"王因收吏玺，自三百石以上皆效之子之，子之大重。夫人主之所以镜照者，诸侯之士徒也，今诸侯之士徒皆私门之党也。人主之所以自羽翼者，岩穴之士徒也，今岩穴之士徒皆私门之舍人也。是何也？夺褫之资在子之也。故吴章曰："人主不佯憎爱人。佯爱人，不得复憎也；佯憎人，不得复爱也。"

一曰：燕王欲传国于子之也，问之潘寿，对曰："禹爱益而任天下于益，已而以启人为吏。及老，而以启为不足任天下，故传天下于益，而势重尽在启也。已而启与友党攻益而夺之天下，是禹名传天下于益，而实令启自取之也，此禹之不及尧、舜明矣。今王欲传之子之，而吏无非太子之人者也，是名传之而实令太子自取之也。"燕王乃收玺，自三百石以上皆效之子之，子之遂重。

方吾子曰："吾闻之古礼：行不与同服者同车，不与同族者共家，而况君人者乃借其权而外其势乎！"

吴章谓韩宣王曰:“人主不可佯爱人,一日不可复憎;不可以佯憎人,一日不可复爱也。故佯憎佯爱之徵见,则谀者因资而毁誉之。虽有明主,不能复收,而况于以诚借人也!”

赵王游于圃中,左右以菟与虎而辍之,虎盼然环其眼。王曰:“可恶哉,虎目也!”左右曰:“平阳君之目可恶过此。见此未有害也,见平阳君之目如此者,则必死矣。”其明日,平阳君闻之,使人杀言者,而王不诛也。

卫君入朝于周,周行人问其号,对曰:“诸侯辟疆。”周行人却之曰:“诸侯不得与天子同号。”卫君乃自更曰:“诸侯燬。”而后内之。仲尼闻之曰:“远哉禁逼! 虚名不以借人,况实事乎?”

四

摇木者一一摄其叶,则劳而不遍;左右拊其本,而叶遍摇矣。临渊而摇木,鸟惊而高,鱼恐而下。善张网者引其纲,不一一摄万目而后得。一一摄万目而后得,则是劳而难;引其纲,而鱼已囊矣。故吏者,民之本、纲者也,故圣人治吏不治民。

救火者,令吏挈壶瓮而走火,则一人之用也;操鞭箠指麾而趣使人,则制万夫。是以圣人不亲细民,明主不躬小事。

造父方耨,得有子父乘车过者,马惊而不行,其子下车牵马,父子推车,请造父:“助我推车!”造父因收器,辍而寄载之,援其子之乘,乃始检辔持策,未之用也,而马辔惊(陈奇猷曰“辔惊”当作“咸骛”)矣。使造父而不能御,虽尽力劳身助之推车,马犹不肯行也。今(“今”《集解》误为“令”,据乾道本改正)使身佚,且寄载,有德于人者,有术而御之也。故国者,君之车也;势者,君之马也。无术以御之,身虽劳,犹不免乱;有术以御之,身处佚乐之地,又致帝王之功也。

椎锻者,所以平不夷也;榜檠者,所以矫不直也。圣人之为法也,所以平不夷、矫不直也。

淖齿之用齐也，擢闵王之筋；李兑之用赵也，饿杀主父。此二君者，皆不能用其椎锻榜檠，故身死为戮，而为天下笑。

一曰：入齐，则独闻淖齿而不闻齐王；入赵，则独闻李兑而不闻赵王。故曰："人主者不操术，则威势轻而臣擅名。"

一曰：田婴相齐，人有说王者曰："终岁之计，王不一以数日之间自听之，则无以知吏之奸邪得失也。"王曰："善。"田婴闻之，即遽请于王而听其计。王将听之矣，田婴令官具押券斗石参升之计。王自听计，计不胜听，罢食后，复坐，不复暮食矣。田婴复谓曰："群臣所终岁日夜不敢偷怠之事也，王以一夕听之，则群臣有为劝勉矣。"王曰："诺。"俄而王已睡矣，吏尽揄刀削其押券升石之计。王自听之，乱乃始生。

一曰：武灵王使惠文王莅政，李兑为相，武灵王不以身躬亲杀生之柄，故劫于李兑。

五

兹郑子引辇上高梁而不能支。兹郑踞辕而歌，前者止，后者趋，辇乃上。使兹郑无术以致人，则身虽绝力至死，辇犹不上也。今身不至劳苦而辇以上者，有术以致人之故也。

赵简主出税，吏请轻重。简主曰："勿轻勿重。重，则利入于上；若轻，则利归于民。吏无私利而正矣。"

薄疑谓赵简主曰："君之国中饱。"简主欣然而喜曰："何如焉？"对曰："府库空虚于上，百姓贫饿于下，然而奸吏富矣。"

齐桓公微服以巡民家，人有年老而自养者，桓公问其故。对曰："臣有子三人，家贫无以妻之，佣未及反。"桓公归，以告管仲。管仲曰："畜积有腐弃之财，则人饥饿；宫中有怨女，则民无妻。"桓公曰："善。"乃谕宫中有妇人而嫁之。下令于民曰："丈夫二十而室，妇人十五而嫁。"

一曰：桓公微服而行于民间，有鹿门稷者，行年七十而无妻。桓公问管仲曰:“有民老而无妻者乎?”管仲曰:“有鹿门稷者,行年七十矣而无妻。”桓公曰:“何以令之有妻?”管仲曰:“臣闻之:上有积财,则民臣必匮乏于下;宫中有怨女,则有老而无妻者。”桓公曰:“善。”令于宫中:“女子未尝御,出嫁之。”乃令男子年二十而室,女年十五而嫁。则内无怨女,外无旷夫。

延陵卓子乘苍龙挑文之乘,钩饰在前,错錣在后,马欲进则钩饰禁之,欲退则错錣贯之,马因旁出。造父过而为之泣涕,曰:“古之治人亦然矣。夫赏所以劝之而毁存焉,罚所以禁之而誉加焉。民中立而不知所由,此亦圣人之所为泣也。”

一曰:延陵卓子乘苍龙与翟文之乘,前则有错饰,后则有利錣,进则引之,退则策之。马前不得进,后不得退,遂避而逸,因下抽刀而刎其脚。造父见之而泣,终日不食,因仰天而叹曰:“策,所以进之也,错饰在前;引,所以退之也,利錣在后。今人主以其清洁也进之,以其不适左右也退之,以其公正也誉之,以其不听从也废之。民惧,中立而不知所由,此圣人之所为泣也。”

第十五卷

难一第三十六

晋文公将与楚人战,召舅犯问之,曰:“吾将与楚人战,彼众我寡,为之奈何?”舅犯曰:“臣闻之:繁礼君子,不厌忠信;战阵之间,不厌诈伪。君其诈之而已矣。”文公辞舅犯,因召雍季而问之,曰:“我将与楚人战,彼众我寡,为之奈何?”雍季对曰:“焚林而田,偷取多兽,后必无兽;以诈遇民,偷取一时,后必无复。”文公曰:“善。”辞雍季,以舅犯之谋与楚人战以败之。归而行爵,先雍季而后舅犯。群臣曰:“城濮之事,舅犯谋也。夫用其言而后其身,可乎?”文公曰:“此非君所知也。夫舅犯言,一时之权也;雍季言,万世之利也。”仲尼闻之,曰:“文公之霸也,宜哉!既知一时之权,又知万世之利。”

或曰:雍季之对,不当文公之问。凡对问者有因,因小大缓急而对也。所问高大,而对以卑狭,则明主弗受也。今文公问“以少遇众”,而对曰“后必无复”,此非所以应也。且文公不知一时之权,又不知万世之利。战而胜,则国安而身定,兵强而威立,虽有后复,莫大于此,万世之利奚患不至?战而不胜,则国亡兵弱,身死名息,拔拂今日之死不及,安暇待万世之利?待万世之利,在今日之胜;今日之胜,在诈于敌;诈敌,万世之利也。故曰:雍季之对,不当文公之问。且文公又不知舅犯之言。舅犯所谓“不厌诈伪”者,不谓诈其民,谓诈其敌也。敌者,所伐之国也;后虽无复,何伤哉?文公之所以先雍季者,以其功耶?则所以胜楚破军者,舅犯之谋也;以其善言耶?则雍季乃道其“后之无复”也,此未有善言也。舅犯则以兼之矣。舅犯曰“繁礼君子不厌忠信”者：忠，所以爱其下也；信，所以不欺其民也。夫既以爱而不欺矣，言孰善于此？然必曰“出于诈伪”者，军旅之计也。舅犯前有善言，后有战胜。故舅犯有二功而后论，雍季无一焉而先赏。“文公之霸也，不亦宜乎？”仲尼不知善赏也。

历山之农者侵畔，舜往耕焉，期年，甽亩正。河滨之渔者争坻，舜往渔焉，期年而让长。东夷之陶者器苦窳，舜往陶焉，期年而器牢。仲尼叹曰：“耕、渔与陶，非舜官也，而舜往为之者，所以救败也。舜其信仁乎！乃躬藉处苦而民从之。故曰：圣人之德化乎！”

或问儒者曰：“方此时也，尧安在？”其人曰：“尧为天子。”“然则仲尼之圣尧奈何？圣人明察在上位，将使天下无奸也。今耕渔不争，陶器不窳，舜又何德而化？舜之救败也，则是尧有失也。贤舜，则去尧之明察；圣尧，则去舜之德化。不可两得也。楚人有鬻楯与矛者，誉之曰：‘吾楯之坚，物莫能陷也。’又誉其矛曰：‘吾矛之利，于物无不陷也。’或曰：‘以子之矛陷子之楯，何如？’其人弗能应也。夫不可陷之楯与无不陷之矛不可同世而立。今尧、舜之不可两誉，矛楯之说也。且舜救败，期年已一过，三年已三过。舜有尽，寿有尽，天下过无已者；以有尽逐无已，所止者寡矣。赏罚使天下必行之，令曰：‘中程者赏，弗中程者诛。’令朝至暮变，暮至朝变，十日而海内毕矣，奚待期年？舜犹不以此说尧令从已（诸本均作“已”，当从《纂闻》、《解诂》作“己”），乃躬亲，不亦无术乎？且夫以身为苦而后化民者，尧、舜之所难也；处势而骄下者，庸主之所易也。将治天下，释庸主之所易，道尧、舜之所难，未可与为政也。”

管仲有病，桓公往问之，曰：“仲父病，不幸卒于大命，将奚以告寡人？”管仲曰：“微君言，臣故将谒之。愿君去竖刁，除易牙，远卫公子开方。易牙为君主味，君惟人肉未尝，易牙烝其子首而进之。夫人情莫不爱其子，今弗爱其子，安能爱君？君妒而好内，竖刁自宫以治内。人情莫不爱其身，身且不爱，安能爱君？开方事君十五年，齐、卫之间不容数日行，弃其母，久宦不归。其母不爱，安能爱君？臣闻之：矜伪不长，盖虚不久。愿君去此三子者也。”管仲卒死，而桓公弗行。及桓公死，虫出尸（顾广圻曰“尸”当作“户”，下同）不葬。

或曰：管仲所以见告桓公者，非有度者之言也。所以去竖刁、易牙者，以不爱其身、适君之欲也。曰：“不爱其身，安能爱君？”然则臣有尽死力以为其主者，管仲将弗用也？曰：“不爱其死力，安能爱君？”是欲君去忠臣也。且以不爱其身，度其不爱其君，是将以管仲之不能死公子纠度其不死桓公也，是管仲亦在所去之域矣。明主之道不然，设民所欲以求其功，故为爵禄以劝之；设民所恶以禁其奸，故为刑罚以威之。庆赏信而刑罚必，故君举功于臣，而奸不用于上。虽有竖刁，其奈君何？且臣尽死力以与君市，君垂爵禄以与臣市。君臣之际，非父子之亲也，计数之所出也。君有道，则臣尽力而奸不生；无道，则臣上塞主明而下成私。管仲非明此度数于桓公也，使去竖刁，一竖刁又至，非绝奸之道也。且桓公所以身死虫流出尸不葬者，是臣重也。臣重之实，擅主也。有擅主之臣，则君令不下究，臣情不上通。一人之力能隔君臣之间，使善败不闻，祸福不通，故有不葬之患也。明主之道：一人不兼官，一官不兼事；卑贱不待尊贵而进论，大臣不因左右而见（陈奇猷曰“见”下当脱“信”），百官修通，群臣辐凑；有赏者君见其功，有罚者君知其罪。见知不悖于前，赏罚不弊于后，安有不葬之患？管仲非明此言于桓公也，使去三子，故曰：管仲无度矣。

襄子围于晋阳中，出围，赏有功者五人，高赫为赏首。张孟谈曰：“晋阳之事，赫无大功，今为赏首，何也？”襄子曰：“晋阳之事，寡人国家危、社稷殆矣。吾群臣无有不骄侮之意者，惟赫不失君臣之礼，是以先之。”仲尼闻之曰：“善赏哉，襄子！赏一人而天下为人臣者莫敢失礼矣。”

或曰：仲尼不知善赏矣。夫善赏罚者，百官不敢侵职，群臣不敢失礼。上设其法，而下无奸诈之心。如此，则可谓善赏罚矣。使襄子于晋阳也,令不行,禁不止,是襄子无国、晋阳无君也,尚谁与守哉?今襄子于晋阳也,知氏灌之,臼灶生蛙,而民无反心,是君臣亲也。襄子有君臣亲之泽,操令行禁止之法,而犹有骄侮之臣,是襄子失罚也。为人臣者,乘事而有功则赏。今赫仅不骄侮,而襄子赏之,是失赏也。明主赏不加于无功,罚不加于无罪。今襄子不诛骄侮之臣,而赏无功之赫,安在襄子之善赏也?故曰:仲尼不知善赏。

晋平公与群臣饮,饮酣,乃喟然叹曰:“莫乐为人君,惟其言而莫之违。”师旷侍坐于前,援琴撞之。公披衽而避,琴坏于壁。公曰:“太师谁撞?”师旷曰:“今者有小人言于侧者,故撞之。”公曰:“寡人也。”师旷曰:“哑!是非君人者之言也。”左右请除之。公曰:“释之!以为寡人戒。”

或曰:平公失君道,师旷失臣礼。夫非其行而诛其身,君之于臣也;非其行则(“则”《集解》为“而”,据乾道本改正)陈其言,善谏不听则远其身者,臣之于君也。今师旷非平公之行,不陈人臣之谏,而行人主之诛,举琴而亲其体,是逆上下之位,而失人臣之礼也。夫为人臣者,君有过则谏,谏不听,则轻爵禄以待之,此人臣之礼义也。今师旷非平公之过,举琴而亲其体,虽严父不加于子,而师旷行之于君,此大逆之术也。臣行大逆,平公喜而听之,是失君道也。故平公之迹不可明也,使人主过于听而不悟其失;师旷之行亦不可明也,使奸臣袭极谏而饰弑君之道。不可谓两明,此为两过。故曰:平公失君道,师旷亦失臣礼矣。

齐桓公时,有处士曰小臣稷,桓公三往而弗得见。桓公曰:“吾闻布衣之士,不轻爵禄,无以易万乘之主;万乘之主,不好仁义,亦无以下布衣之士。”于是五往乃得见之。

或曰:桓公不知仁义。夫仁义者,忧天下之害,趋一国之患,不避卑辱,谓之仁义。故伊尹以中国为乱,道为宰于(顾广圻曰“于”当作“干”,下句同)汤;百里奚以秦为乱,道为虏于穆公。皆忧天下之害，趋一国之患，不辞卑辱，故谓之仁义。今桓公以万乘之势，下匹夫之士，将欲忧齐国，而小臣不行见，小臣之忘民也。忘民不可谓仁义。仁义者，不失人臣之礼，不败君臣之位者也。是故四封之内，执会（高亨曰“会”当作“禽”）而朝名曰臣，臣吏分职受事名曰萌。今小臣在民萌之众，而逆君上之欲，故不可谓仁义。仁义不在焉，桓公又从而礼之。使小臣有智能而遁桓公，是隐也，宜刑；若无智能而虚骄矜桓公，是诬也，宜戮。小臣之行，非刑则戮。桓公不能领臣主之理，而礼刑戮之人。是桓公以轻上侮君之俗教于齐国也，非所以为治也。故曰：桓公不知仁义。

靡笄之役，韩献子将斩人。郤献子闻之，驾往救之。比至，则已斩之矣。郤子因曰：“胡不以徇？”其仆曰：“曩不将救之乎？”郤子曰：“吾敢不分谤乎？”

或曰：郤子言，不可不察也，非分谤也。韩子之所斩也，若罪人，则不可救，救罪人，法之所以败也，法败则国乱；若非罪人，则（王先慎曰“则”下脱“不可”二字）劝之以徇，劝之以徇，是重不辜也，重不辜，民所以起怨者也，民怨则国危。郤子之言，非危则乱，不可不察也。且韩子之所斩若罪人，郤子奚分焉？斩若非罪人，则已斩之矣，而郤子乃至，是韩子之谤已成，而郤子且后至也。夫郤子曰“以徇”，不足以分斩人之谤，而又生徇之谤。是子言分谤也？昔者纣为炮烙，崇侯、恶来又曰斩涉者之胫也，奚分于纣之谤？且民之望于上也甚矣，韩子弗得，且望郤子之得之也；今郤子俱弗得，则民绝望于上矣。故曰：郤子之言非分谤也，益谤也。且郤子之往救罪也，以韩子为非也；不道其所以为非，而劝之“以徇”，是使韩子不知其过也。夫下使民望绝于上，又使韩子不知其失，吾未得郤子之所以分谤者也。

桓公解管仲之束缚而相之。管仲曰：“臣有宠矣，然而臣卑。”公曰：“使子立高、国之上。”管仲曰：“臣贵矣，然而臣贫。”公曰：“使子有三归之家。”管仲曰：“臣富矣，然而臣疏。”于是立以为仲父。霄略曰："管仲以贱为不可以治国，故请高、国之上；以贫为不可以治富，故请三归；以疏为不可以治亲，故处仲父。管仲非贪，以便治也。"

或曰：今使臧获奉君令诏卿相，莫敢不听，非卿相卑而臧获尊也，主令所加，莫敢不从也。今使管仲之治，不缘桓公，是无君也。国无君，不可以为治。若负桓公之威，下桓公之令，是臧获之所以信也，奚待高、国、仲父之尊而后行哉？当世之行事、都丞之下征令者，不辟尊贵，不就卑贱。故行之而法者，虽巷伯信乎卿相；行之而非法者，虽大吏诎乎民萌。今管仲不务尊主明法，而事增宠益爵，是非管仲贪欲富贵，必暗而不知术也。故曰：管仲有失行，霄略有过誉。

韩宣王问于樛留："吾欲两用公仲、公叔，其可乎？"樛留对曰："昔魏两用楼、翟而亡西河，楚两用昭、景而亡鄢、郢。今君两用公仲、公叔，此必将争事而外市，则国必忧矣。"

或曰：昔者齐桓公两用管仲、鲍叔，成汤两用伊尹、仲虺。夫两用臣者国之忧，则是桓公不霸、成汤不王也。湣王一用淖齿而身死乎东庙，主父一用李兑，减食而死。主有术，两用不为患；无术，两用则争事而外市，一则专制而劫弑。今留无术以规上，使其主去两用一，是不有西河、鄢、郢之忧，则必有身死减食之患，是樛留未有善以知言也。

难二第三十七

景公过晏子，曰："子宫小，近市，请徙子家豫章之圃。"晏子再拜而辞曰："且婴家贫，待市食，而朝暮趋之，不可以远。"景公笑曰："子家习市，识贵贱乎？"是时景公繁于刑。晏子对曰："踊贵而屦贱。"景公曰："何故？"对曰："刑多也。"景公造然变色曰："寡人其暴乎！"于是损刑五。

或曰：晏子之贵踊，非其诚也，欲便辞以止多刑也。此不察治之患也。夫刑当无多,不当无少。无以不当闻,而以太多说,无术之患也。败军之诛以千百数,犹且不止;即治乱之刑如恐不胜,而奸尚不尽。今晏子不察其当否,而以太多为说,不亦妄乎?夫惜草茅者耗禾穗,惠盗贼者伤良民。今缓刑罚,行宽惠,是利奸邪而害善人也,此非所以为治也。

齐桓公饮酒醉,遗其冠,耻之,三日不朝。管仲曰:"此非有国之耻也,公胡不雪之以政?"公曰:"善!"因发仓囷,赐贫穷;论囹圄,出薄罪。处三日而民歌之曰:"公乎,公乎!胡不复遗其冠乎!"

或曰:管仲雪桓公之耻于小人,而生桓公之耻于君子矣。使桓公发仓囷而赐贫穷,论囹圄而出薄罪,非义也,不可以雪耻;使之而义也,桓公宿义,须遗冠而后行之,则是桓公行义,非为遗冠也?是虽雪遗冠之耻于小人,而亦遗义之耻于君子矣。且夫发囷仓而赐贫穷者,是赏无功也;论囹圄而出薄罪者,是不诛过也。夫赏无功,则民偷幸而望于上;不诛过,则民不惩而易为非。此乱之本也,安可以雪耻哉?

昔者文王侵盂、克莒、举丰,三举事而纣恶之。文王乃惧,请入洛西之地、赤壤之国方千里,以解炮烙之刑。天下皆悦。仲尼闻之,曰:"仁哉,文王!轻千里之国而请解炮烙之刑。智哉,文王!出千里之地而得天下之心。"

或曰:仲尼以文王为智也,不亦过乎?夫智者,知祸难之地而辟之者也,是以身不及于患也。使文王所以见恶于纣者,以其不得人心耶?则虽索人心以解恶可也。纣以其大得人心而恶之,己又轻地以收人心,是重见疑也,固其所以桎梏囚于羑里也。郑长者有言:"体道,无为、无见也。"此最宜于文王矣,不使人疑之也。仲尼以文王为智,未及此论也。

晋平公问叔向曰:"昔者齐桓公九合诸侯,一匡天下,不识臣之力也?君之力也?"叔向对曰:"管仲善制割,宾胥无善削缝,隰朋善纯缘,衣成,君举而服之。亦臣之力也,君何力之有?”师旷伏琴而笑之。公曰:“太师奚笑也?”师旷对曰:“臣笑叔向之对君也。凡为人臣者,犹炮宰和五味而进之君。君弗食,孰敢强之也?臣请譬之:君者,壤地也;臣者,草木也。必壤地美,然后草木硕大。亦君之力也,臣何力之有?”

或曰:叔向、师旷之对,皆偏辞也。夫一匡天下,九合诸侯,美之大者也,非专君之力也,又非专臣之力也。昔者宫之奇在虞,僖负羁在曹,二臣之智,言中事,发中功,虞、曹俱亡者,何也?此有其臣而无其君者也。且蹇叔处干而干亡,处秦而秦霸,非蹇叔愚于干而智于秦也,此有君与无臣(顾广圻曰“臣”当作“君”)也。向曰“臣之力也”,不然矣。昔者桓公宫中二市,妇闾二百,被发而御妇人。得管仲,为五伯(“伯”《集解》误为“百”,据乾道本改正)长;失管仲,得竖刁而身死,虫流出尸(王先慎曰“尸”当作“户”)不葬。以为非臣之力也,且不以管仲为霸;以为君之力也,且不以竖刁为乱。昔者,晋文公慕于齐女而忘归,咎犯极谏,故使得反晋国。故桓公以管仲合,文公以舅犯霸。而师旷曰“君之力也”,又不然矣。凡五霸所以能成功名于天下者,必君臣俱有力焉。故曰:叔向、师旷之对,皆偏辞也。

齐桓公之时,晋客至,有司请礼。桓公曰“告仲父”者三。而优笑曰:“易哉,为君!一曰仲父,二曰仲父。”桓公曰:“吾闻君人者劳于索人,佚于使人。吾得仲父已难矣,得仲父之后,何为不易乎哉?”

或曰:桓公之所应优,非君人者之言也。桓公以君人为劳于索人,何索人为劳哉?伊尹自以为宰干汤,百里奚自以为虏干穆公。虏,所辱也;宰,所羞也。蒙羞辱而接君上,贤者之忧世急也。然则君人者无逆贤而已矣,索贤不为人主难。且官职,所以任贤也;爵禄,所以赏功也。设官职,陈爵禄,而士自至,君人者奚其劳哉?使人又非所佚也。人主虽使人,必以度量准之,以刑名参之;以事遇于法则行,不遇于法则止;功当其言则赏,不当则诛。以刑名收臣,以度量准下,此不可释也,君人者焉佚哉?索人不劳,使人不佚,而桓公曰"劳于索人,佚于使人"者,不然。且桓公得管仲又不难。管仲不死其君而归桓公,鲍叔轻官让能而任之,桓公得管仲又不难,明矣。已得管仲之后,奚遽易哉?管仲非周公旦。周公旦假为天子七年,成王壮,授之以政,非为天下计也,为其职也。夫不夺子而行天下者,必不背死君而事其雠;背死君而事其雠者,必不难夺子而行天下;不难夺子而行天下者,必不难夺其君国矣。管仲,公子纠之臣也,谋杀桓公而不能,其君死而臣桓公。管仲之取舍非周公旦,未可知也。若使管仲大贤也,且为汤、武。汤、武,桀、纣之臣也;桀、纣作乱,汤、武夺之。今桓公以易居其上,是以桀、纣之行,居汤、武之上,桓公危矣。若使管仲不肖人也,且为田常。田常,简公之臣也,而弑其君。今桓公以易居其上,是以简公之易,居田常之上也,桓公又危矣。管仲非周公旦以明矣,然为汤、武为田常,未可知也。为汤、武,有桀、纣之危;为田常,有简公之乱也。已得仲父之后,桓公奚遽易哉?若使桓公之任管仲,必知不欺已(诸本均作"已",当从《纂闻》、《解诂》作"己")也,是知不欺主之臣也。然虽知不欺主之臣,今桓公以任管仲之专,借竖刁、易牙,虫流出尸(王先慎曰"尸"当作"户")而不葬,桓公不知臣欺主与不欺主已明矣,而任臣如彼其专也,故曰:桓公暗主。

李兑(松皋圆改"李兑"为"李克")治中山,苦陉令上计而入多。李兑曰:"语言辨,听之说,不度于义,谓之窕言。无山林泽谷之利而入多者,谓之窕货。君子不听窕言,不受窕货。子姑免矣!"

或曰:李子设辞曰:"夫言语辨,听之说,不度于义者,谓之窕言。"辩,在言者;说,在听者。言非听者也。所谓不度于义,非谓听者,必谓所听也。听者,非小人,则君子也。小人无义,必不能度之义也;君子度之义,必不肯说也。夫曰"言语辨,听之说,不度于义"者,必不诚之言也。入多之为窕货也,未可远行也。李子之奸弗蚤禁,使至于计,是遂过也。无术以知而入多,入多者,穰也,虽倍入,将奈何?举事慎阴阳之和,种树节四时之适,无早晚之失、寒温之灾,则入多。不以小功妨大务,不以私欲害人事,丈夫尽于耕农,妇人力于织纴,则入多。务于畜养之理,察于土地之宜,六畜遂,五谷殖,则入多。明于权计,审于地形、舟车、机械之利,用力少,致功大,则入多。利商市关梁之行,能以所有致所无,客商归之,外货留之,俭于财用,节于衣食,宫室器械周于资用,不事玩好,则入多。入多,皆人为也。若天事,风雨时,寒温适,土地不加大,而有丰年之功,则入多。人事、天功,二物者皆入多,非山林泽谷之利也。夫无山林泽谷之利入多,因谓之窕货者,无术之言也。

赵简子围卫之郛郭,犀楯、犀橹,立于矢石之所不及,鼓之而士不起。简子投枹曰:“乌乎!吾之士数弊也。”行人烛过免胄而对曰:“臣闻之:亦有君之不能耳,士无弊者。昔者吾先君献公并国十七,服国三十八,战十有二胜,是民之用也。献公没,惠公即位,淫衍暴乱,身好玉女,秦人恣侵,去绛十七里,亦是人之用也。惠公没,文公受之,围卫,取邺,城濮之战,五败荆人,取尊名于天下,亦此人之用也。亦有君不能耳,士无弊也。”简子乃去楯、橹,立矢石之所及,鼓之而士乘之,战大胜。简子曰:“与吾得革车千乘,不如闻行人烛过之一言也。”

或曰:行人未有以说也,乃道惠公以此人是败,文公以此人是霸,未见所以用人也。简子未可以速去楯、橹也。严亲在围,轻犯矢石,孝子之所爱亲也。孝子爱亲,百数之一也。今以为身处危而人尚可战,是以百族之子于上皆若孝子之爱亲也,是行人之诬也。好利恶害,夫人之所有也。赏厚而信,人轻敌矣;刑重而必,失(顾广圻曰“失”当作“夫”)人不比(“比”赵用贤本作“北”)矣。长行徇上,数百不一失(“失”赵用贤本作“人”);喜利畏罪,人莫不然。将众者不出乎莫不然之数,而道乎百无一人之行,行人未知用众之道也。

第十六卷

难三第三十八

鲁穆公问于子思曰："吾闻庞㵴氏之子不孝，其行奚如？"子思对曰："君子尊贤以崇德，举善以观民。若夫过行，是细人之所识也，臣不知也。"子思出，子服厉伯入见。问庞㵴氏子，子服厉伯对曰："其过三，皆君之所未尝闻。"自是之后，君贵子思而贱子服厉伯也。

或曰：鲁之公室，三世劫于季氏，不亦宜乎？明君求善而赏之，求奸而诛之，其得之一也。故以善闻之者，以说善同于上者也；以奸闻之者，以恶奸同于上者也。此宜赏誉之所及也。不以奸闻，是异于上而下比周于奸者也，此宜毁罚之所及也。今子思不以过闻而穆公贵之，厉伯以奸闻而穆公贱之。人情皆喜贵而恶贱，故季氏之乱成而不上闻，此鲁君之所以劫也。且此亡王之俗，取鲁之民所以自美，而穆公独贵之，不亦倒乎？

文公出亡，献公使寺人披攻之蒲城，披斩其袪，文公奔翟。惠公即位，又使攻之惠窦，不得也。及文公反国，披求见。公曰："蒲城之役，君令一宿，而汝即至；惠窦之难，君令三宿，而汝一宿，何其速也？"披对曰："君令不二。除君之恶，惟恐不堪。蒲人、翟人，余何有焉？今公即位，其无蒲、翟乎？且桓公置射钩而相管仲。"君乃见之。

或曰：齐、晋绝祀，不亦宜乎？桓公能用管仲之功而忘射钩之怨，文公能听寺人之言而弃斩袪之罪，桓公、文公能容二子者也。后世之君，明不及二公；后世之臣，贤不如二子。以不忠之臣事不明之君，君不知，则有燕操、子罕、田常之贼；知之，则以管仲、寺人自解。

君必不诛，而自以为有桓、文之德，是臣雠而明不能烛，多假之资，自以为贤而不戒，则虽无后嗣，不亦可乎？且寺人之言也，直饰君令而不贰者，则是贞于君也。死君后生，臣不愧，而后为贞。今惠公朝卒而暮事文公，寺人之不贰何如？

人有设桓公隐者曰："一难，二难，三难，何也？"桓公不能射，以告管仲，管仲对曰："一难也，近优而远士。二难也，去其国而数之海。三难也，君老而晚置太子。"桓公曰："善。"不择日而庙礼太子。

或曰：管仲之射隐不得也。士之用不在近远，而俳优侏儒，固人主之所与燕也，则近优而远士，而以为治，非其难者也。夫处势而不能用其有，而悖不去国，是以一人之力禁一国。以一人之力禁一国者，少能胜之。明能照远奸而见隐微，必行之令，虽远于海，内必无变。然则去国之海而不劫杀，非其难者也。楚成王置商臣以为太子，又欲置公子职，商臣作难，遂弑成王。公子宰，周太子也，公子根有宠，遂以东州反，分而为两国。此皆非晚置太子之患也。夫分势不二，庶孽卑，宠无藉，虽处耄老，晚置太子可也。然则晚置太子，庶孽不乱，又非其难也。物之所谓难者，必借人成势而勿使侵害己，可谓一难也。贵妾不使二后，二难也。爱孽不使危正適，专听一臣而不敢隅君，此则可谓三难也。

叶公子高问政于仲尼，仲尼曰："政在悦近而来远。"哀公问政于仲尼，仲尼曰："政在选贤。"齐景公问政于仲尼，仲尼曰："政在节财。"三公出，子贡问曰："三公问夫子政一也，夫子对之不同，何也？"仲尼曰："叶都大而国小，民有背心，故曰'政在悦近而来远'。鲁哀公有大臣三人，外障距诸侯四邻之士，内比周而以愚其君，使宗庙不扫除、社稷不血食者，必是三臣也，故曰'政在选贤'。齐景公筑雍门，为路寝，一朝而以三百乘之家赐者三，故曰'政在节财'。"

或曰：仲尼之对，亡国之言也。叶民有倍心，而说之"悦近而来远"，则是教民怀惠。惠之为政，无功者受赏，而有罪者免，此法之所以败也。法败而政乱,以乱政治败民,未见其可也。且民有倍心者,君上之明有所不及也。不绍叶公之明,而使之悦近而来远,是舍吾势之所能禁而使与不(顾广圻曰“不”字当作“下”)行惠以争民,非能持势者也。夫尧之贤,六王之冠也。舜一从而咸包,而尧无天下矣。有人无术以禁下,恃为舜而不失其民,不亦无术乎?明君见小奸于微,故民无大谋;行小诛于细,故民无大乱。此谓“图难于其所易也,为大者于其所细也”。今有功者必赏,赏者不得君,力之所致也;有罪者必诛,诛者不怨上,罪之所生也。民知诛罚(“罚”迂评本作“赏”)之皆起于身也,故疾功利于业,而不受赐于君。“太上,下智有之。”此言太上之下民无说也,安取怀惠之民?上君之民无利害,说以“悦近来远”,亦可舍已!哀公有臣外障距内比周以愚其君,而说之以“选贤”,此非功伐之论也,选其心之所谓贤者也。使哀公知三子外障距内比周也,则三子不一日立矣。哀公不知选贤,选其心之所谓贤,故三子得任事。燕子哙贤子之而非孙卿,故身死为僇;夫差智太宰嚭而愚子胥,故灭于越。鲁君不必知贤,而说以“选贤”,是使哀公有夫差、燕哙之患也。明君不自举臣,臣相进也;不自贤,功自徇也。论之于任,试之于事,课之于功,故群臣公正而无私,不隐贤,不进不肖。然则人主奚劳于选贤?景公以百乘之家赐,而说以“节财”,是使景公无术以享厚乐,而独俭于上,未免于贫也。有君以千里养其口腹,则虽桀、纣不侈焉。齐国方三千里,而桓公以其半自养,是侈于桀、纣也;然而能为五霸冠者,知侈俭之地也。为君不能禁下而自禁者谓之劫,不能饰下而自饰者谓之乱,不节下而自节者谓之贫。明君使人无私,以诈而食者禁;力尽于事、归利于上者必闻,闻者必赏;污秽为私者必知,知者必诛。然故忠臣尽忠于公,民士竭力于家,百官精克于上,侈倍景公,非国之患也。然则说之以“节财”,非其急者也。夫对三公一言而三公可以无患,知下之谓也。知下明,则禁于微;禁于微,则奸无积;奸无积,则无比周;无比周,则公私分；公私分，则朋党散；朋党散，则无外障距内比周之患。知下明，则见精沐；见精沐，则诛赏明；诛赏明，则国不贫。故曰：一对而三公无患，知下之谓也。

郑子产晨出，过东匠之闾，闻妇人之哭，抚其御之手而听之。有间，遣吏执而问之，则手绞其夫者也。异日，其御问曰："夫子何以知之？"子产曰："其声惧。凡人于其亲爱也，始病而忧，临死而惧，已死而哀。今哭已死，不哀而惧，是以知其有奸也。"

或曰：子产之治，不亦多事乎？奸必待耳目之所及而后知之，则郑国之得奸者寡矣。不任典成之吏，不察参伍之政，不明度量，恃尽聪明，劳智虑，而以知奸，不亦无术乎？且夫物众而智寡，寡不胜众，智不足以遍知物，故因物以治物。下众而上寡，寡不胜众者，言君不足以遍知臣也，故因人以知人。是以形体不劳而事治，智虑不用而奸得。故宋人语曰："一雀过羿，羿必得之，则羿诬矣。以天下为之罗，则雀不失矣。"夫知奸亦有大罗，不失其一而已矣。不修其理，而以己（诸本均作"已"，当从《纂闻》作"己"）之胸察为之弓矢，则子产诬矣。老子曰："以智治国，国之贼也。"其子产之谓矣。

秦昭王问于左右曰："今时韩、魏孰与始强？"左右对曰："弱于始也。""今之如耳、魏齐孰与曩之孟常（"常"道藏本作"尝"。下同）、芒卯？"对曰："不及也。"王曰："孟常、芒卯率强韩、魏犹无奈寡人何也。"左右对曰："甚然。"中期伏瑟而对曰："王之料天下过矣！夫六晋之时，知氏最强，灭范、中行，又率韩、魏之兵以伐赵，灌以晋水，城之未沉者三板。知伯出，魏宣子御，韩康子为骖乘。知伯曰：'始吾不知水可以灭人之国，吾乃今知之。汾水可以灌安邑，绛水可以灌平阳。'魏宣子肘韩康子，康子践宣子之足，肘足接乎车上，而知氏分于晋阳之下。今足下虽强，未若知氏；韩、魏虽弱，未至如其晋阳之下也。此天下方用肘足之时，愿王勿易之也。"

或曰：昭王之问也有失，左右、中期之对也有过。凡明主之治国也，任其势。势不可害，则虽强天下无奈何也，而况孟常、芒卯、韩、魏能奈我何？其势可害也，则不肖如如耳、魏齐及韩、魏犹能害之。然则害与不侵，在自恃而已矣，奚问乎？自恃其不可侵，则强与弱奚其择焉？夫不能自恃，而问其奈何也，其不侵也幸矣。申子曰："失之数而求之信，则疑矣。"其昭王之谓也。知伯无度，从韩康、魏宣而图以水灌灭其国。此知伯之所以国亡而身死，头为饮杯之故也。今昭王乃问孰与始强，其未有水人之患也。虽有左右，非韩、魏之二子也，安有肘足之事？而中期曰"勿易"，此虚言也。且中期之所官，琴瑟也。弦不调，弄不明，中期之任也，此中期（"期"《集解》为"旗"，据乾道本改正）所以事昭王者也。中期善承其任，未慊昭王也，而为所不知，岂不妄哉？左右对之曰"弱于始"与"不及"，则可矣；其曰"甚然"，则谀也。申子曰："治不逾官，虽知不言。"今中期不知而尚言之。故曰：昭王之问有失，左右、中期（"期"《集解》为"旗"，据乾道本改正）之对皆有过也。

管子曰："见其可，说之有证；见其不可，恶之有形。赏罚信于所见，虽所不见，其敢为之乎？见其可，说之无证；见其不可，恶之无形。赏罚不信于所见，而求所不见之外，不可得也。"

或曰：广廷严居，众人之所肃也。晏室独处，曾、史之所僈也。观人之所肃，非行情也。且君上者，臣下之所为饰也。好恶在所见，臣下之饰奸物以愚其君，必也。明不能烛远奸、见隐微，而待之以观饰行，定赏罚，不亦弊乎？

管子曰："言于室，满于室；言于堂，满于堂：是谓天下王。"

或曰：管仲之所谓言室满室、言堂满堂者，非特谓游戏饮食之言也，必谓大物也。人主之大物，非法则术也。法者，编著之图籍，设之于官府，而布之于百姓者也。术者，藏之于胸中，以偶众端而潜御群臣者也。故法莫如显，而术不欲见。是以明主言法，则境内卑贱莫不闻知也，不独满于堂；用术，则亲爱近习莫之得闻也，不得满室。

而管子犹曰“言于室满室,言于堂满堂”,非法术之言也。

难四第三十九

卫孙文子聘于鲁,公登亦登。叔孙穆子趋进曰:“诸侯之会,寡君未尝后卫君也。今子不后寡君一等,寡君未知所过也。子其少安。”孙子无辞,亦无悛容。穆子退而告人曰:“孙子必亡。亡臣而不后君,过而不悛,亡之本也。”

或曰:天子失道,诸侯伐之,故有汤、武。诸侯失道,大夫伐之,故有齐、晋。臣而伐君者必亡,则是汤、武不王,晋、齐不立也。孙子君于卫,而后不臣于鲁,臣之君也。君有失也,故臣有得也。不命亡于有失之君,而命亡于有得之臣,不察。鲁不得诛卫大夫,而卫君之明不知不悛之臣。孙子虽有是二也,臣(顾广圻曰“臣”当为“巨”。‘巨’、‘讵’同字)以亡?其所以亡其失、所以得君也。

或曰:臣主之施,分也。臣能夺君者,以得相踦也。故非其分而取者,众之所夺也;辞其分而取者,民之所予也。是以桀索岷山之女,纣求比干之心,而天下离;汤身易名,武身受詈,而海内服;赵咺走山,田[成]外仆,而齐、晋从。则汤、武之所以王,齐、晋之所以立,非必以其君也,彼得之而后以君处之也。今未有其所以得,而行其所以处,是倒义而逆德也。倒义,则事之所以败也;逆德,则怨之所以聚也。败亡之不察,何也?

鲁阳虎欲攻三桓,不克而奔齐,景公礼之。鲍文子谏曰:“不可。阳虎有宠于季氏而欲伐于季孙,贪其富也。今君富于季孙,而齐大于鲁,阳虎所以尽诈也。”景公乃囚阳虎。

或曰:千金之家,其子不仁,人之急利甚也。桓公,五伯之上也,争国而杀其兄,其利大也。臣主之间,非兄弟之亲也。劫杀之功,制万乘而享大利,则群臣孰非阳虎也?事以微巧成,以疏拙败。群臣之未起难也，其备未具也。群臣皆有阳虎之心，而君上不知，是微而巧也。阳虎贪于天下，以欲攻上，是疏而拙也。不使景公加诛于拙虎（顾广圻曰此句应是“不使景公加诛于齐之巧臣，而使加诛于拙虎”），是鲍文子之说反也。臣之忠诈，在君所行也。君明而严，则群臣忠；君懦而暗，则群臣诈。知微之谓明，无赦之谓严。不知齐之巧臣而诛鲁之成乱，不亦妄乎？

或曰：仁、贪不同心。故公子目夷辞宋，而楚商臣弑父；郑去疾予弟，而鲁桓弑兄。五伯兼并，而以桓律人，则是皆无贞廉也。且君明而严，则群臣忠。阳虎为乱于鲁，不成而走，入齐而不诛，是承为乱也。君明则诛，知阳虎之可以济乱也，此见微之情也。语曰：“诸侯以国为亲。”君严则阳虎之罪不可失，此无赦之实也，则诛阳虎，所以使群臣忠也。未知齐之巧臣，而废明乱之罚，责于未然，而不诛昭昭之罪，此则妄矣。今诛鲁之罪乱以威群臣之有奸心者，而可以得季、孟、叔孙之亲，鲍文之说，何以为反？

郑伯将以高渠弥为卿，昭公恶之，固谏不听。及昭公即位，惧其杀己也，辛卯，弑昭公而立子亶也。君子曰：“昭公知所恶矣。”公子圉曰：“高伯其为戮乎，报恶已甚矣！”

或曰：公子圉之言也，不亦反乎？昭公之及于难者，报恶晚也。然则高伯之晚于死者，报恶甚也。明君不悬怒，悬怒，则臣罪轻举以行计（顾广圻曰“臣罪”当作“罪臣”，此下当重有“罪臣轻举以行计”七字），则人主危。故灵台之饮，卫侯怒而不诛，故褚师作难；食鼋之羹，郑君怒而不诛，故子公杀君。君子之举“知所恶”，非甚之也，曰：知之若是其明也，而不行诛焉，以及于死。故曰“知所恶”，以见其无权也。人君非独不足于见难而已，或不足于断制。今昭公见恶，稽罪而不诛，使渠弥含憎惧死以徼幸，故不免于杀，是昭公之报恶不甚也。

或曰：报恶甚者，大诛报小罪。大诛报小罪也者，狱之至也。狱之患，故非在所以诛也，以雠之众也。是以晋厉公灭三郤而栾、中行作难，郑子都杀伯咺而食鼎起祸，吴王诛子胥而越句践成霸。则卫侯之逐，郑灵之弑，不以褚师之不死而子公之不诛也，以未可以怒而有怒之色，未可诛而有诛之心。怒之当罪，而诛不逆人心，虽悬奚害？夫未立有罪，即位之后，宿罪而诛，齐胡之所以灭也。君行之臣，犹有后患，况为臣而行之君乎？诛既不当，而以尽为心，是与天下为雠也。则虽为戮，不亦可乎？

卫灵公之时，弥子瑕有宠于卫国。侏儒有见公者曰："臣之梦践矣。"公曰："奚梦？""梦见灶者，为见公也。"公怒曰："吾闻见人主者梦见日，奚为见寡人而梦见灶乎？"侏儒曰："夫日兼照天下，一物不能当也。人君兼照一国，一人不能壅也。故将见人主而梦日也。夫灶，一人炀焉，则后人无从见矣。或者一人炀君邪？则臣虽梦灶，不亦可乎？"公曰："善。"遂去雍钼，退弥子瑕，而用司空狗。

或曰：侏儒善假于梦以见主道矣，然灵公不知侏儒之言也。去雍钼，退弥子瑕，而用司空狗者，是去所爱而用所贤也。郑子都贤庆建而壅焉，燕子哙贤子之而壅焉。夫去所爱而用所贤，未免使一人炀己也。不肖者炀主，不足以害明；今不加知（"知"《集解》为"诛"，据乾道本改正）而使贤者炀己，则必危矣。

或曰：屈到嗜芰，文王嗜菖蒲菹，非正味也，而二贤尚之，所味不必美。晋灵侯说参无恤，燕哙贤子之，非正士也，而二君尊之，所贤不必贤也。非贤而贤用之，与爱而用之同。贤诚贤而举之，与用所爱异状。故楚庄举叔孙（王渭曰"叔孙"当作"孙叔"）而霸，商辛用费仲而灭，此皆用所贤而事相反也。燕哙虽举所贤而同于用所爱，卫奚距然哉？则侏儒之未见也。君壅而不知其壅也，已见之后而知其壅也，故退壅臣，是加知之也。日（"日"赵用贤本作"曰"）"不加知而使贤者炀己，则必危"；而今以加知矣，则虽炀己，必不危矣。

第十七卷

难势第四十

慎子曰："飞龙乘云。腾蛇游雾，云罢雾霁，而龙蛇与螾蚁同矣，则失其所乘也。贤人而诎于不肖者，则权轻位卑也；不肖而能服于贤者，则权重位尊也。尧为匹夫，不能治三人；而桀为天子，能乱天下。吾以此知势位之足恃而贤智之不足慕也。夫弩弱而矢高者，激于风也；身不肖而令行者，得助于众也。尧教于隶属而民不听，至于南面而王天下，令则行，禁则止。由此观之，贤智未足以服众，而势位足以缶（俞樾曰"缶"乃"诎"之误）贤者也。"

应慎子曰：飞龙乘云，腾蛇游雾，吾不以龙蛇为不托于云雾之势也。虽然，夫释贤而专任势，足以为治乎？则吾未得见也。夫有云雾之势而能乘游之者，龙蛇之材美之也；今云盛而螾弗能乘也，雾醲而蚁不能游也，夫有盛云醲雾之势而不能乘游者，螾蚁之材薄也。今桀、纣南面而王天下，以天子之威为之云雾，而天下不免乎大乱者，桀、纣之材薄也。且其人以尧之势以治天下也，其势何以异桀之势也，乱天下者也。夫势者，非能必使贤者用己，而不肖者不用己也。贤者用之则天下治，不肖者用之则天下乱。人之情性，贤者寡而不肖者众，而以威势之利济乱世之不肖人，则是以势乱天下者多矣，以势治天下者寡矣。夫势者，便治而利乱者也。故《周书》曰："毋为虎傅翼，将飞入邑，择人而食之。"夫乘不肖人于势，是为虎傅翼也。桀、纣为高台深池以尽民力，为炮烙以伤民性，桀、纣得乘四行者，南面之威为之翼也。使桀、纣为匹夫，未始行一而身在刑戮矣。势者,养虎狼之心而成暴乱之事者也,此天下之大患也。势之于治乱,本末(顾广圻曰“末”当作“未”)有位也,而语专言势之足以治天下者,则其智之所至者浅矣。夫良马固车,使臧获御之则为人笑,王良御之而日取千里。车马非异也,或至乎千里,或为人笑,则巧拙相去远矣。今以国位为车,以势为马,以号令为辔,以刑罚为鞭策,使尧、舜御之则天下治,桀、纣御之则天下乱,则贤不肖相去远矣。夫欲追速致远,不知任王良;欲进利除害,不知任贤能。此则不知类之患也。夫尧、舜,亦治民之王良也。

复应之曰:其人以势为足恃以治官,客曰“必待贤乃治”,则不然矣。夫势者,名一而变无数者也。势必于自然,则无为言于势矣。吾所为言势者,言人之所设也。今曰“尧、舜得势而治,桀、纣得势而乱”,吾非以尧、舜为不然也。虽然,非一人之所得设也。夫尧、舜生而在上位,虽有十桀、纣不能乱者,则势治也;桀、纣亦生而在上位,虽有十尧、舜而亦不能治者,则势乱也。故曰:“势治者则不可乱,而势乱者则不可治也。”此自然之势也,非人之所得设也。若吾所言,谓人之所得设也。若吾所言,谓人之所得势也而已矣,贤何事焉?何以明其然也?客曰:“人有鬻矛与楯者,誉其楯之坚:‘物莫能陷也。’俄而又誉其矛曰:‘吾矛之利,物无不陷也。’人应之曰:‘以子之矛,陷子之楯,何如?’其人弗能应也。”以为不可陷之楯,与无不陷之矛,为名不可两立也。夫贤之为势不可禁,而势之为道也无不禁,以不可禁之势(陈奇猷曰此句当作“以不可禁之贤,处无不禁之势”),此矛楯之说也。夫贤、势之不相容亦明矣。且夫尧、舜、桀、纣千世而一出,是比肩随踵而生也。世之治者不绝于中,吾所以为言势者,中也。中者,上不及尧、舜,而下亦不为桀、纣。抱法处势,则治;背法去势,则乱。今废势背法而待尧、舜,尧、舜至乃治,是千世乱而一治也。抱法处势而待桀、纣,桀、纣至乃乱,是千世治而一乱也。且夫治千而乱一,与治一而乱千也,是犹乘骥駬而分驰也,相去亦远矣。夫弃隐栝之法，去度量之数，使奚仲为车，不能成一轮。无庆赏之劝、刑罚之威，释势委法，尧、舜户说而人辩之，不能治三家。夫势之足用亦明矣，而曰“必待贤”，则亦不然矣。且夫百日不食以待粱肉，饿者不活；今待尧、舜之贤乃治当世之民，是犹待粱肉而救饿之说也。夫曰“良马固车，臧获御之则为人笑，王良御之则日取乎千里”，吾不以为然。夫待越人之善海游者以救中国之溺人，越人善游矣，而溺者不济矣。夫待古之王良以驭今之马，亦犹越人救溺之说也，不可亦明矣。夫良马固车，五十里而一置，使中手御之，追速致远，可以及也，而千里可日致也，何必待古之王良乎？且御，非使王良也，则必使臧获败之；治，非使尧、舜也，则必使桀、纣乱之。此味非饴蜜也，必苦菜、亭历也。此则积辩累辞、离理失术、两未之议也（“未”迂评本作“末”），奚可以难夫道理之言乎哉？客议未及此论也。

问辩第四十一

或问曰：“辩安生乎？”对曰：“生于上之不明也。”

问者曰：“上之不明因生辩也，何哉？”

对曰：“明主之国，令者，言最贵者也；法者，事最适者也。言无二贵，法不两适，故言行而不轨于法令者必禁。若其无法令而可以接诈、应变、生利、揣事者，上必采其言而责其实。言当，则有大利；不当，则有重罪。是以愚者畏罪而不敢言，智者无以讼。此所以无辩之故也。乱世则不然，主上有令，而民以文学非之；官府有法，民以私行矫之。人主顾渐其法令而尊学者之智行，此世之所以多文学也。夫言行者，以功用为之的彀者也。夫砥砺杀矢而以妄发，其端未尝不中秋毫也，然而不可谓善射者，无常仪的也。设五寸之的，引十步之远，非羿、逢蒙不能必中者，有常也。故有常，则羿、逢蒙以五寸的为巧;无常,则以妄发之中秋毫为拙。今听言观行,不以功用为之的彀,言虽至察,行虽至坚,则妄发之说也。是以乱世之听言也,以难知为察,以博文为辩;其观行也,以离群为贤,以犯上为抗。人主者说辩察之言,尊'贤'、'抗'之行,故夫作法术之人,立取舍之行,别辞争之论,而莫为之正。是以儒服、带剑者众,而耕战之士寡;'坚白'、'无厚'之词章,而宪令之法息。故曰:上不明,则辩生焉。"

问田第四十二

徐渠问田鸠曰:"臣闻智士不袭下而遇君,圣人不见功而接上。今阳成义渠,明将也,而措于毛伯;公孙亶回,圣相也,而关于州部。何哉?"田鸠曰:"此无他故异物,主有度、上有术之故也。且足下独不闻楚将宋觚而失其政,魏相冯离而亡其国?二君者驱于声词,眩乎辩说,不试于毛伯,不关乎州部,故有失政亡国之患。由是观之,夫无毛伯之试、州部之关,岂明主之备哉!"

堂溪公谓韩子曰:"臣闻服礼辞让,全之术也;修行退智,遂之道也。今先生立法术,设度数,臣窃以为危于身而殆于躯。何以效之?所闻先生术曰:'楚不用吴起而削乱,秦行商君而富强(王先慎曰乾道本"强"作"疆",据张榜本、赵本改。但《集解》却仍作"疆",今依其说改正)。二子之言已当矣,然而吴起支解而商君车裂者,不逢世遇主之患也。'逢遇不可必也,患祸不可斥也。夫舍乎全遂之道而肆乎危殆之行,窃为先生无取焉。"韩子曰:"臣明先生之言矣。夫治天下之柄,齐民萌之度,甚未易处也。然所以废先王之教、而行贱臣之所取者,窃以为立法术,设度数,所以利民萌、便众庶之道也。故不惮乱主暗上之患祸,而必思以齐民萌之资利者,仁智之行也。惮乱主暗上之患祸,而避乎死亡之害,知明夫身而不见民萌之资利者,贪鄙之为也。臣不忍向贪鄙之为,不敢伤仁智之行。先王("王"迂评本作“生”）有幸臣之意，然有大伤臣之实。”

定法第四十三

问者曰：“申不害、公孙鞅，此二家之言孰急于国？”

应之曰：“是不可程也。人不食，十日则死；大寒之隆，不衣亦死。谓之衣食孰急于人，则是不可一无也，皆养生之具也。今申不害言术而公孙鞅为法。术者，因任而授官，循名而责实，操杀生之柄，课群臣之能者也，此人主之所执也。法者，宪令著于官府，刑罚必于民心，赏存乎慎法，而罚加乎奸令者也，此臣之所师也。君无术，则弊于上；臣无法，则乱于下。此不可一无，皆帝王之具也。”

问者曰：“徒术而无法，徒法而无术，其不可何哉？”

对曰：“申不害，韩昭侯之佐也。韩者，晋之别国也。晋之故法未息，而韩之新法又生；先君之令未收，而后君之令又下。申不害不擅其法，不一其宪令，则奸多。故利在故法前令，则道之；利在新法后令，则道之。利在故新相反、前后相悖，则申不害虽十使昭侯用术，而奸臣犹有所谲其辞矣。故托万乘之劲韩，七十（顾广圻曰“七十”或当作“十七”）年而不至于霸王者，虽用术于上，法不勤饰于官之患也。公孙鞅之治秦也，设告相坐而责其实，连什伍而同其罪，赏厚而信，刑重而必。是以其民用力劳而不休，逐敌危而不却，故其国富而兵强；然而无术以知奸，则以其富强也资人臣而已矣。及孝公、商君死，惠王即位，秦法未败也，而张仪以秦殉韩、魏。惠王死，武王即位，甘茂以秦殉周。武王死，昭襄王即位，穰侯越韩、魏而东攻齐，五年而秦不益一尺之地，乃成其陶邑之封，应侯攻韩八年，成其汝南之封。自是以来，诸用秦者皆应、穰之类也。故战胜，则大臣尊；益地，则私封立。主无术以知奸也。商君虽十饰其法，人臣反用其资。故乘强秦之资数十年而不至于帝王者，法不勤饰于官、主无术于上之患也。”

问者曰:“主用申子之术,而官行商君之法,可乎?”

对曰:“申子未尽于法也(顾广圻曰当云“申子未尽于术,商君未尽于法也”)。申子言:‘治不逾官,虽知弗言。’治不逾官,谓之守职也可;知而弗言,是谓过也。人主以一国目视,故视莫明焉;以一国耳听,故听莫聪焉。今知而弗言,则人主尚安假借矣?商君之法曰:‘斩一首者爵一级,欲为官者为五十石之官;斩二首者爵二级,欲为官者为百石之官。’官爵之迁与斩首之功相称也。今有法曰:‘斩首者令为医、匠。’则屋不成而病不已。夫匠者,手巧也;而医者,齐药也;而以斩首之功为之,则不当其能。今治官者,智能也;今斩首者,勇力之所加也。以勇力之所加而治智能之官,是以斩首之功为医、匠也。故曰:二子之于法术,皆未尽善也。”

说疑第四十四

凡治之大者,非谓其赏罚之当也。赏无功之人,罚不辜之民,非所谓明也。赏有功,罚有罪,而不失其人,方在于人者也,非能生功止过者也。是故禁奸之法:太上禁其心,其次禁其言,其次禁其事。今世皆曰“尊主安国者,必以仁义智能”,而不知卑主危国者之必以仁义智能也。故有道之主,远仁义,去智能,服之以法。是以誉广而名威,民治而国安,知用民之法也。凡术也者,主之所以执也;法也者,官之所以师也。然使郎中日闻道于郎门之外,以至于境内日见法,又非其难者也。

昔者有扈氏有失度,讙兜氏有孤男,三苗有成驹,桀有侯侈,纣有崇侯虎,晋有优施,此六人者,亡国之臣也。言是如非,言非如是,内险以贼,其外小谨,以徵其善;称道往古,使良事沮;善禅其主,以集精微,乱之以其所好。此夫郎中左右之类者也。往世之主,有得人而身安国存者，有得人而身危国亡者。得人之名一也，而利害相千万也，故人主左右不可不慎也。为人主者诚明于臣之所言，则别贤不肖如黑白矣。

若夫许由、续牙、晋伯阳、秦颠颉、卫侨如、狐不稽、重明、董不识、卞随、务光、伯夷、叔齐，此十二人者，皆上见利不喜，下临难不恐，或与之天下而不取，有萃辱之名，则不乐食谷之利。夫见利不喜，上虽厚赏，无以劝之；临难不恐，上虽严刑，无以威之。此之谓不令之民也。此十二人者，或伏死于窟穴，或槁死于草木，或饥饿于山谷，或沉溺于水泉。有民如此，先古圣王皆不能臣，当今之世，将安用之？

若夫关龙逢、王子比干、随季梁、陈泄冶、楚申胥、吴子胥，此六人者，皆疾争强谏以胜其君。言听事行，则如师徒之势；一言而不听，一事而不行，则陵其主以语，从之以威，虽身死家破，要领不属，手足异处，不难为也。如此臣者，先古圣王皆不能忍也，当今之时，将安用之？

若夫齐田恒、宋子罕、鲁季孙意如、晋侨如、卫子南劲、郑太宰欣、楚白公、周单荼、燕子之，此九人者之为其臣也，皆朋党比周以事其君，隐正道而行私曲，上逼君，下乱治，援外以挠内，亲下以谋上，不难为也。如此臣者，唯圣王智主能禁之，若夫昏乱之君，能见之乎？

若夫后稷、皋陶、伊尹、周公旦、太公望、管仲、隰朋、百里奚、蹇叔、舅犯、赵衰、范蠡、大夫种、逢同、华登，此十五人者为其臣也，皆夙兴夜寐，卑身贱体，竦心白意；明刑辟、治官职以事其君，进善言、通道法而不敢矜其善，有成功立事而不敢伐其劳；不难破家以便国、杀身以安主，以其主为高天泰山之尊，而以其身为壑谷鬴洧之卑；主有明名广誉于国，而身不难受壑谷鬴洧之卑。如此臣者，虽当昏乱之主尚可致功，况于显明之主乎？此谓霸王之佐也。

若夫周滑之、郑王孙申、陈公孙宁、仪行父、荆芋尹申亥、随少师、越种干、吴王孙额、晋阳成泄、齐竖刁、易牙,此十二人者之为其臣也,皆思小利而忘法义,进则掩蔽贤良以阴暗其主,退则挠乱百官而为祸难;皆辅其君,共其欲,苟得一说于主,虽破国杀众,不难为也。有臣如此,虽当圣王尚恐夺之,而况昏乱之君,其能无失乎?有臣如此者,皆身死国亡,为天下笑。故周威公身杀,国分为二;郑子阳身杀,国分为三;陈灵公身死于夏征舒氏;荆灵王死于乾溪之上;随亡于荆;吴并于越;智伯灭于晋阳之下;桓公身死七日不收。故曰:谄谀之臣,唯圣王知之,而乱主近之,故至身死国亡。

圣王明君则不然,内举不避亲,外举不避雠。是在焉,从而举之;非在焉,从而罚之。是以贤良遂进而奸邪并退,故一举而能服诸侯。其在记曰:尧有丹朱,而舜有商均,启有五观,商有太甲,武王有管、蔡。五王之所诛者,皆父兄子弟之亲也,而所杀亡其身、残破其家者,何也?以其害国伤民败法类也。观其所举,或在山林薮泽岩穴之间,或在囹圄缧绁缠索之中,或在割烹刍牧饭牛之事。然明主不羞其卑贱也,以其能,为可以明法,便国利民,从而举之,身安民尊。

乱主则不然,不知其臣之意行,而任之以国,故小之名卑地削,大之国亡身死,不明于用臣也。无数以度其臣者,必以其众人之口断之:众之所誉,从而说之;众之所非,从而憎之。故为人臣者破家残赇,内构党与、外接巷族以为誉,从阴约结以相固也,虚相与爵禄以相劝也。曰:“与我者将利之,不与我者将害之。”众贪其利,劫其威。彼诚喜,则能利己;忌怒,则能害己。众归而民留之,以誉盈于国,发闻于主。主不能理其情,因以为贤。彼又使谲诈之士,外假为诸侯之宠使,假之以舆马,信之以瑞节,镇之以辞令,资之以币帛,使诸侯,淫说其主,微挟私而公议。所为使者,异国之主也;所为谈者,左右之人也。主说其言而辩其辞,以此人者天下之贤士也。内外之于左右，其讽一而语同。大者不难卑身尊位以下之，小者高爵重禄以利之。夫奸人之爵禄重而党与弥众，又有奸邪之意，则奸臣愈反而说之，曰："古之所谓圣君明王者，非长幼弱也（顾广圻曰此"也"字当作"世"），及以次序也。以其搆党与，聚巷族，逼上弑君而求其利也。"彼曰："何知其然也？"因曰："舜逼尧，禹逼舜，汤放桀，武王伐纣。此四王者，人臣弑其君者也，而天下誉之。察四王之情，贪得人（迂评本无"人"字）之意也；度其行，暴乱之兵也。然四王自广措也，而天下称大焉；自显名也，而天下称明焉。则威足以临天下，利足以盖世，天下从之。"又曰："以今时之所闻，田成子取齐，司城子罕取宋，太宰欣取郑，单氏取周，易牙之取卫，韩、魏、赵三子分晋，此六人（王先慎曰"六"当作"八"，"人"下当有"者"字），臣之弑其君者也。"奸臣闻此，蹷然举耳以为是也。故内搆党与，外摅巷族，观时发事，一举而取国家。且夫内以党与劫弑其君，外以诸侯之权矫易其国，隐正道，持私曲，上禁君、下挠治者，不可胜数也。是何也？则不明于择臣也。记曰："周宣王以来，亡国数十，其臣弑君而取国者众矣。"然则难之从内起，与从外作者相半也。能一尽其民力，破国杀身者，尚皆贤主也。若夫转身（赵用贤本无"身"字）法易位，全众傅（"傅"赵用贤本作"传"）国，最其病也。

为人臣（乾道本作"主"，王先慎误解顾广圻校说未核对赵用贤本而将"主"改为"臣"，大谬）者，诚明于臣之所言，则虽罼弋驰骋，撞钟舞女，国犹且存也；不明臣之所言，虽节俭勤劳，布衣恶食，国犹自亡也。赵之先君敬侯，不修德行，而好纵欲，适身体之所安、耳目之所乐，冬日罼弋，夏浮淫，为长夜，数日不废御觞，不能饮者以筒灌其口，进退不肃、应对不恭者斩于前。故居处饮食如此其不节也，制刑杀戮如此其无度也，然敬侯享国数十年，兵不顿于敌国，地不亏于四邻，内无君（松皋圆改"君"为"群"）臣百官之乱，外无诸侯邻国之患，明于所以任臣也。燕君子哙，邵公奭之后也，地方数千里，持戟数十万，不安子女之乐，不听钟石之声，内不堙污（《集解》误为“湮汗”，据乾道本改正）池台榭，外不罼弋田猎，又亲操耒耨以修甽（“甽”《集解》讹为“畝”，据乾道本改正）亩。子哙之苦身以忧民如此其甚也，虽古之所谓圣王明君者，其勤身而忧世不甚于此矣。然而子哙身死国亡，夺于子之，而天下笑之。此其何故也？不明乎所以任臣也。

故曰：人臣有五奸，而主不知也。为人臣者，有侈用财货赂以取誉者，有务庆赏赐予以移众者，有务朋党徇智尊士以擅逞者，有务解免赦罪狱以事威者，有务奉下直曲、怪言、伟服、瑰称以眩民耳目者。此五者，明君之所疑也，而圣主之所禁也。去此五者，则谍诈之人不敢北面谈立；文言多、实行寡而不当法者，不敢诬情以谈说。是以群臣居则修身，动则任力，非上之令不敢擅作疾言诬事，此圣王之所以牧臣下也。彼圣主明君，不适疑物以窥其臣也。见疑物而无反者，天下鲜矣。故曰：孽有拟適之子，配有拟妻之妾，廷有拟相之臣，臣有拟主之宠，此四者，国之所危也。故曰：内宠并后，外宠贰政，枝子配適，大臣拟主，乱之道也。故《周记》曰：“无尊妾而卑妻，无孽適子而尊小枝，无尊嬖臣而匹上卿，无尊大臣以拟其主也。”四拟者破，则上无意、下无怪也。四拟不破，则陨身灭国矣。

诡使第四十五

圣人之所以为治道者三：一曰利，二曰威，三曰名。夫利者，所以得民也；威者，所以行令也；名者，上下之所同道也。非此三者，虽有不急矣。今利非无有也，而民不化上；威非不存也，而下不听从；官非无法也，而治不当名。三者非不存也，而世一治一乱者，何也？夫上之所贵与其所以为治相反也。

夫立名号，所以为尊也；今有贱名轻实者，世谓之“高”。设爵位，所以为贱贵基也；而简上不求见者，世谓之“贤”。威利，所以行令也；而无利轻威者，世谓之“重”。法令，所以为治也；而不从法令为私善者，世谓之“忠”。官爵，所以劝民也；而好名义不进仕者，世谓之“烈士”。刑罚，所以擅威也；而轻法不避刑戮死亡之罪者，世谓之“勇夫”。民之急名也，甚其求利也；如此，则士之饥饿乏绝者，焉得无岩居苦身以争名于天下哉？故世之所以不治者，非下之罪，上失其道也。常贵其所以乱，而贱其所以治，是故下之所欲，常与上之所以为治相诡也。

今下而听其上，上之所急也。而惇悫纯信，用心怯言，则谓之“窭”。守法固，听令审，则谓之“愚”。敬上畏罪，则谓之“怯”。言时节，行中适，则谓之“不肖”。无二心私学，听吏从教者，则谓之“陋”。

难致，谓之“正”。难予，谓之“廉”。难禁，谓之“齐”。有令不听从，谓之“勇”。无利于上，谓之“愿”。宽惠行德，谓之“仁”。重厚自尊，谓之“长者”。私学成群，谓之“师徒”。闲静安居，谓之“有思”。损仁逐利，谓之“疾”。险躁佻反覆，谓之“智”。先为人而后自为，类名号，言泛爱天下，谓之“圣”。言大本，称而不可用，行而乖于世者，谓之“大人”。贱爵禄，不挠上者，谓之“杰”。下渐行如此，入则乱民，出则不便也。上宜禁其欲，灭其迹，而不止也；又从而尊之，是教下乱上以为治也。

凡上所治者，刑罚也；今有私行义者尊。社稷之所以立者，安静也；而躁（“躁”《集解》误为“譟”，据乾道本改正）险谗谀者任。四封之内所以听从者，信与德也；而陂知倾覆者使。令之所以行，威之所以立者，恭俭听上；而岩居非世者显，仓廪之所以实者，耕农之本务也；而綦组、锦绣、刻画为末作者富。名之所以成，城池之所以广者，战士也；今死（赵用贤本“死”下有“士”字）之孤饥饿乞于道，而优笑酒徒之属乘车衣丝。赏禄，所以尽民力易下死也；今战胜攻取之士劳而赏不沾,而卜筮、视手理、狐虫(俞樾曰“虫”乃“蛊”字之误)为顺辞于前者日赐。上握度量,所以擅生杀之柄也;今守度奉量之士欲以忠婴上而不得见,巧言利辞行奸轨以幸偷世者数御。据法直言,名刑相当,循绳墨,诛奸人,所以为上治也,而愈疏远;谄施顺意从欲以危世者近习。悉租税,专民力,所以备难充仓府也,而士卒之逃事状匿、附托有威之门以避徭赋而上不得者万数。夫陈善田利宅,所以厉战士也,而断头裂腹、播骨乎平原野者,无宅容身,死田亩;而女妹有色,大臣左右无功者,择宅而受,择田而食。赏利一从上出,所以善剬下也;而战介之士不得职,而闲居之士尊显。上以此为教,名安得无卑?位安得无危?夫卑名危位者,必下之不从法令、有二心无(“无”迂评本作“务”)私学、反逆世者也;而不禁其行,不破其群以散其党,又从而尊之,用事者过矣。上之所以立廉耻者,所以属(王念孙曰“属”亦“厉”之误)下也;今士大夫不羞污泥丑辱而宦,女妹私义之门不待次而宦。赏赐,所以为重也;而战斗有功之士贫贱,而便辟优徒超级。名号诚信,所以通威也;而主掩障,近习女谒并行,百官主爵迁人,用事者过矣。大臣官人,与下先谋比周,虽不法行,威利在下,则主卑而大臣重矣。

夫立法令者,以废私也。法令行而私道废矣。私者,所以乱法也。而士有二心私学、岩居窞路、托伏深虑,大者非世,细者惑下;上不禁,又从而尊之以名,化之以实,是无功而显,无劳而富也。如此,则士之有二心私学者,焉得无深虑、勉知诈与诽谤法令,以求索与世相反者也?凡乱上反世者,常士有二心私学者也。故《本言》曰:“所以治者,法也;所以乱者,私也。法立,则莫得为私矣。”故曰:道私者乱,道法者治。上无其道,则智者有私词,贤者有私意。上有私惠,下有私欲,圣智成群,造言作辞,以非法措于上。上下禁塞,又从而尊之,是教下不听上、不从法也。是以贤者显名而居,奸人赖赏而富。贤者显名而居,奸人赖赏而富,是以上不胜下也。

第十八卷

六反第四十六

畏死远难，降北之民也，而世尊之曰“贵生之士”。学道立方，离法之民也，而世尊之曰“文学之士”。游居厚养，牟食之民也，而世尊之曰“有能之士”。语曲牟知，伪诈之民也，而世尊之曰“辩智之士”。行剑攻杀，暴(憿)[憿]之民也，而世尊之曰“磏勇之士”。活贼匿奸，当死之民也，而世尊之曰“任誉之士”。此六民者，世之所誉也。赴险殉诚，死节之民，而世少之曰“失计之民”也。寡闻从令，全法之民也，而世少之曰“朴陋之民”也。力作而食，生利之民也，而世少之曰“寡能之民”也。嘉厚纯粹，整谷之民也，而世少之曰“愚戆之民”也。重命畏事，尊上之民也，而世少之曰“怯慑之民”也。挫贼遏奸，明上之民也，而世少之曰“谄谗之民”也。此六民(“民”字《集解》脱，据乾道本补)者，世之所毁也。奸伪无益之民六，而世誉之如彼；耕战有益之民六，而世毁之如此：此之谓“六反”。布衣循私利而誉之，世主听虚声而礼之，礼之所在，利必加焉。百姓循私害而訾之，世主壅于俗而贱之，贱之所在，害必加焉。故名赏在乎私恶当罪之民，而毁害在乎公善宜赏之士，索国之富强，不可得也。

古者有谚曰：“为政犹沐也，虽有弃发，必为之。”爱弃发之费而忘长发之利，不知权者也。

夫弹痤者痛，饮药者苦，为苦惫之故不弹痤饮药，则身不活，病不已矣。

今上下之接，无子父之泽，而欲以行义禁下，则交必有郄矣。且父母之于子也，产男则相贺，产女则杀之。此俱出父母之怀衽，然男子受贺、女子杀之者，虑其后便、计之长利也。故父母之于子也，犹用计算之心以相待也，而况无父子之泽乎？

今学者之说人主也，皆去求利之心，出相爱之道，是求人主之过于父母之亲也，此不熟于论恩，诈而诬也，故明主不受也。圣人之治也，审于法禁，法禁明著，则官法（顾广圻曰“法”依下文当作“治”）；必于赏罚，赏罚不阿，则民用。官官治则国富，国富则兵强，而霸王之业成矣。霸王者，人主之大利也。人主挟大利以听治，故其任官者当能，其赏罚无私。使士民明焉，尽力致死，则功伐可立而爵禄可致，爵禄致而富贵之业成矣。富贵者，人臣之大利也。人臣挟大利以从事，故其行危至死，其力尽而不望。此谓君不仁，臣不忠，则不可以霸王矣。

夫奸，必知则备，必诛则止；不知则肆，不诛则行。夫陈轻货于幽隐，虽曾、史可疑也；悬百金于市，虽大盗不取也。不知，则曾、史可疑于幽隐；必知，则大盗不取悬金于市。故明主之治国也，众其守而重其罪，使民以法禁而不以廉止。母之爱子也倍父，父令之行于子者十母；吏之于民无爱，令之行于民也万父母。父母积爱而令穷，吏用威严而民听从，严爱之策亦可决矣。且父母之所以求于子也：动作，则欲其安利也；行身，则欲其远罪也。君上之于民也：有难，则用其死；安平，则尽其力。亲以厚爱关子于安利而不听，君以无爱利求民之死力而令行。明主知之，故不养恩爱之心而增威严之势。故母厚爱处，子多败，推爱也；父薄爱教笞，子多善，用严也。

今家人之治产也，相忍以饥寒，相强以劳苦，虽犯军旅之难、饥馑之患，温衣美食者，必是家也；相怜以衣食，相惠以佚乐，天饥岁荒，嫁妻卖子者，必是家也。故法之为道，前苦而长利；仁之为道，偷乐而后穷。圣人权其轻重，出其大利，故用法之相忍，而弃仁人之相怜也。学者之言，皆曰“轻刑”，此乱亡之术也。凡赏罚之必者，劝禁也。赏厚，则所欲之得也疾；罚重，则所恶之禁也急。夫欲利者必恶害，害者，利之反也。反于所欲，焉得无恶？欲治者必恶乱，乱者，治之反也。是故欲治甚者，其赏必厚矣；其恶乱甚者，其罚必重矣。今取于轻刑者，其恶乱不甚也，其欲治又不甚也。此非特无术也，又乃无行。是故决贤不肖、愚知之美（俞樾曰“美”乃“策”之误），在赏罚之轻重。且夫重刑者，非为罪人也。明主之法，揆也。治贼，非治所揆也；所揆也者，是治死人也。刑盗，非治所刑也；治所刑也者，是治胥靡也。故曰：重一奸之罪而止境内之邪，此所以为治也。重罚者，盗贼也；而悼惧者，良民也。欲治者奚疑于重刑！若夫厚赏者，非独赏功也，又劝一国。受赏者甘利，未赏者慕业，是报一人之功而劝境内之众也，欲治者何疑于厚赏！今不知治者皆曰：“重刑伤民，轻刑可以止奸，何必于重哉？”此不察于治者也。夫以重止者，未必以轻止也；以轻止者，必以重止矣。是以上设重刑者而奸尽止，奸尽止，则此奚伤于民也？所谓重刑者，奸之所利者细，而上之所加焉者大也。民不以小利蒙大罪，故奸必止者也。所谓轻刑者，奸之所利者大，上之所加焉者小也。民慕其利而傲其罪，故奸不止也。故先圣有谚曰：“不踬于山，而踬于垤。”山者大，故人顺之；垤微小，故人易之也。今轻刑罚，民必易之。犯而不诛，是驱国而弃之也；犯而诛之，是为民设陷也。是故轻罪者，民之垤也。是以轻罪之为民道也，非乱国也，则设民陷也，此则可谓伤民矣！

今学者皆道书策之颂语，不察当世之实事，曰：“上不爱民，赋敛常重，则用不足而下恐上，故天下大乱。”此以为足其财用以加爱焉，虽轻刑罚，可以治也。此言不然矣。凡人之取重赏罚，固已足之之后也；虽财用足而厚爱之，然而轻刑，犹之乱也。夫富家之爱子，财货足用。财货足用，则轻用；轻用，则侈泰。亲爱之，则不忍；不忍，则骄恣。侈泰，则家贫；骄恣，则行暴。此虽财用足而爱厚，轻利（陶鸿庆曰“利”乃“刑”之误）之患也。凡人之生也，财用足则隳于用力,上治懦则肆于为非。财用足而力作者,神农也;上治懦而行修者,曾、史也;夫民之不及神农、曾、史亦已明矣。老聃有言曰:“知足不辱,知止不殆。”夫以殆辱之故而不求于足之外者,老聃也。今以为足民而可以治,是以民为皆如老聃也。故桀贵在天子而不足于尊,富有四海之内而不足于宝。君人者虽足民,不能足使为天子,而桀未必以天子为足也,则虽足民,何可以为治也?故明主之治国也,适其时事以致财物,论其税赋以均贫富,厚其爵禄以尽贤能,重其刑罚以禁奸邪,使民以力得富,以事致贵,以过受罪,以功致赏,而不念慈惠之赐,此帝王之政也。

人皆寐,则盲者不知;皆嘿,则喑者不知。觉而使之视,问而使之对,则喑盲者穷矣。不听其言也,则无术者不知;不任其身也,则不肖者不知。听其言而求其当,任其身而责其功,则无术不肖者穷矣。夫欲得力士而听其自言,虽庸人与乌获不可别也;授之以鼎俎,则罢健效矣。故官职者,能士之鼎俎也,任之以事而愚智分矣。故无术者得于不用,不肖者得于不任。言不用而自文以为辩,身不任而自饰以为高。世主眩其辩、滥其高而尊贵之,是不须视而定明也,不待对而定辩也,喑盲者不得矣。明主听其言必责其用,观其行必求其功,然则虚旧之学不谈、矜诬之行不饰矣。

八说第四十七

为故人行私谓之“不弃”,以公财分施谓之“仁人”,轻禄重身谓之“君子”,枉法曲亲谓之“有行”,弃官宠交谓之“有侠”,离世遁上谓之“高傲”,交争逆令谓之“刚材”,行惠取众谓之“得民”。不弃者,吏有奸也;仁人者,公财损也;君子者,民难使也;有行者,法制毁也;有侠者,官职旷也;高傲者,民不事也;刚材者,令不行也;得民者,君上孤也。此八者,匹夫之私誉,人主之大败也。反此八者,匹夫之私毁,人主之公利也。人主不察社稷之利害,而用匹夫之私誉,索国之无危乱,不可得矣。

任人以事,存亡治乱之机也。无术以任人,无所任而不败。人君之所任,非辩智则修洁也。任人者,使有势也。智士者未必信也,为多其智,因惑其信也。以智士之计,处乘势之资而为其私急,则君必欺焉。为智者之不可信也,故任修士者,使断事也。修士者未必智,为洁其身,因惑其智。以愚人之所惽,处治事之官而为其所然,则事必乱矣。故无术以用人,任智则君欺,任修则君事乱,此无术之患也。明君之道,贱德义贵,下必坐上,决诚以参,听无门户,故智者不得诈欺。计功而行赏,程能而授事,察端而观失,有过者罪,有能者得,故愚者不任事。智者不敢欺,愚者不得断,则事无失矣。

察士然后能知之,不可以为令,夫民不尽察。贤者然后能行之,不可以为法,夫民不尽贤。杨朱、墨翟,天下之所察也,干世乱而卒不决,虽察而不可以为官职之令。鲍焦、华角,天下之所贤也,鲍焦木枯,华角赴河,虽贤不可以为耕战之士。故人主之所察,智士尽其辩焉;人主之所尊,能士尽其行焉。今世主察无用之辩,尊远功之行,索国之富强,不可得也。博习辩智如孔、墨,孔、墨不耕耨,则国何得焉?修孝寡欲如曾、史,曾、史不战攻,则国何利焉?匹夫有私便,人主有公利。不作而养足,不仕而名显,此私便也;息文学而明法度,塞私便而一功劳,此公利也。错法以道民也,而又贵文学,则民之所师法也疑;赏功以劝民也,而又尊行修,则民之产利也惰。夫贵文学以疑法,尊行修以贰功,索国之富强,不可得也。

搢笏干戚,不适有方铁铦;登降周旋,不逮日中奏百;狸首射侯,不当强弩趋发;干城距冲,不若堙穴伏橐。古人亟于德,中世逐于智,当今争于力。古者寡事而备简,朴陋而不尽,故有珧铫而推车者。古者人寡而相亲,物多而轻利易让,故有揖让而传天下者。然则行揖让,高慈惠,而道仁厚,皆推政也。处多事之时,用寡事之器,非智者之备也；当大争之世，而循揖让之轨，非圣人之治也。故智者不乘推车，圣人不行推政也。

法所以制事，事所以名功也。法立而有难，权其难而事成，则立之；事成而有害，权其害而功多，则为之。无难之法，无害之功，天下无有也。是以拔千丈之都，败十万之众，死伤者军之乘，甲兵折挫，士卒死伤，而贺战胜得地者，出其小害、计其大利也。夫沐者有弃发，除者伤血肉。为人见其难，因释其业，是无术之事也。先圣有言曰："规有摩而水有波，我欲更之，无奈之何！"此通权之言也。是以说有必立而旷于实者，言有辞拙而急于用者。故圣人不求无害之言，而务无易之事。人之不事衡石者，非贞廉而远利也，石不能为人多少，衡不能为人轻重，求索不能得，故人不事也。明主之国，官不敢枉法，吏不敢为私，货赂不行，是境内之事尽如衡石也。此其臣有奸者必知，知者必诛。是以有道之主，不求清洁之吏，而务必知之术也。

慈母之于弱子也，爱不可为前。然而弱子有僻行，使之随师；有恶病，使之事医。不随师则陷于刑，不事医则疑于死。慈母虽爱，无益于振刑救死，则存子者非爱也。子母之性，爱也；臣主之权，策也。母不能以爱存家，君安能以爱持国？明主者通于富强，则可以得欲矣。故谨于听治，富强之法也。明其法禁，察其谋计。法明则内无变乱之患，计得则外无死虏之祸。故存国者，非仁义也。仁者，慈惠而轻财者也；暴者，心毅而易诛者也。慈惠，则不忍；轻财，则好与。心毅，则憎心见于下；易诛，则妄杀加于人。不忍，则罚多宥赦；好与，则赏多无功。憎心见，则下怨其上；妄诛，则民将背叛。故仁人在位，下肆而轻犯禁法，偷幸而望于上；暴人在位，则法令妄而臣主乖，民怨而乱心生。故曰：仁暴者，皆亡国者也。

不能具美食而劝饿人饭，不为能活饿者也；不能辟草生粟而劝贷施赏赐，不为能富民者也。今学者之言也，不务本作而好末事，知道虚圣以说民，此劝饭之说。劝饭之说，明主不受也。

书约而弟子辩，法省而民讼简，是以圣人之书必著论，明主之法必详事。尽思虑，揣得失，智者之所难也；无思无虑，挈前言而责后功，愚者之所易也。明主虑愚者之所易，以（顾广圻曰“以”当作“不”）责智者之所难，故智虑不用而国治也。

酸甘咸淡，不以口断而决于宰尹，则厨人轻君而重于宰尹矣。上下清浊，不以耳断而决于乐正，则瞽工轻君而重于乐正矣。治国是非，不以术断而决于宠人，则臣下轻君而重于宠人矣。人主不亲观听，而制断在下，托食于国者也。

使人不衣不食而不饥不寒，又不恶死，则无事上之意。意欲不宰于君，则不可使也。今生杀之柄在大臣，而主令得行者，未尝有也。虎豹必不用其爪牙而与鼷鼠同威，万金之家必不用其富厚而与监门同资。有土之君，说人不能利，恶人不能害，索人欲畏重己，不可得也。

人臣肆意陈欲曰侠，人主肆意陈欲曰乱，人臣轻上曰骄，人主轻下曰暴。行理同实，下以受誉，上以得非。人臣大得，人主大亡。

明主之国，有贵臣，无重臣。贵臣者，爵尊而官大也；重臣者，言听而力多者也。明主之国，迁官袭级，官爵受功，故有贵臣。言不度行而有伪，必诛，故无重臣也。

八经第四十八

一

凡治天下，必因人情。人情者，有好恶，故赏罚可用；赏罚可用；则禁令可立而治道具矣。君执柄以处势，故令行禁止。柄者，杀生之制也；势者，胜众之资也。废置无度则权渎，赏罚下共则威分。是以明主不怀爱而听，不留说而计。故听言不参，则权分乎奸；智力不用，则君穷乎臣。故明主之行制也天，其用人也鬼。天则不非，鬼则不困。势行教严，逆而不违，毁誉一行而不议。故赏贤罚暴，举善之至者也；赏暴罚贤，举恶之至者也：是谓赏同罚异。赏莫如厚，使民利之；誉莫如美，使民荣之；诛莫如重，使民畏之；毁莫如恶，使民耻之。然后一行其法，禁诛于私家，不害功罪。赏罚必知之，知之，道尽矣。

因情

二

力不敌众，智不尽物。与其用一人，不如用一国，故智力敌而群物胜。揣中则私劳，不中则在（王先慎曰："在"当作"任"）过。下君尽己之能，中君尽人之力，上君尽人之智。是以事至而结智，一听而公会。听不一则后悖于前，后悖于前则愚智不分；不公会则犹豫而不断，不断则事留。自取一听，则毋堕壑之累。故使之讽，讽定而怒。是以言陈之日，必有策籍。结智者事发而验，结能者功见而谋。成败有徵，赏罚随之。事成则君收其功，规败则臣任其罪。君人者合符犹不亲，而况于力乎？事智犹不亲，而况于悬乎？故非用人也不取同，同则君怒。使人相用则君神，君神则下尽。下尽下，则臣上不因君，而主道毕矣。

主道

三

知臣主之异利者王，以为同者劫，与共事者杀。故明主审公私之分，审利害之地，奸乃无所乘。乱之所生六也：主母，后姬，子姓，弟兄，大臣，显贤。任吏责臣，主母不放；礼施异等，后姬不疑；分势不贰，庶适不争；权籍不失，兄弟不侵；下不一门，大臣不拥；禁赏必行，显贤不乱。臣有二因，谓外内也。外曰畏，内曰爱。所畏之求得，所爱之言听，此乱臣之所因也。外国之置诸吏者，结诛亲昵重帑，则外不籍矣；爵禄循功，请者俱罪，则内不因矣。外不籍，内不因，则奸宄塞矣。官袭节而进，以至大任，智也。其位至而任大者，以三节持之：曰质，曰镇，曰固。亲戚妻子，质也；爵禄厚而必，镇也；参伍贵帑（王先慎曰“贵帑”当作“责怒”），固也。贤者止于质，贪饕化于镇，奸邪穷于固。忍不制则下上，小不除则大诛，而名实当则径之。生害事，死伤名，则行饮食；不然，而与其仇：此谓除阴奸也。翳曰诡，诡曰易。见功而赏，见罪而罚，而诡乃止。是非不泄，说谏不通，而易乃不用。父兄贤良播出曰游祸，其患邻敌多资。僇辱之人近习曰狎贼，其患发忿疑辱之心生。藏怒持罪而不发曰增乱，其患徼幸妄举之人起。大臣两重、提衡而不踦曰卷祸，其患家隆劫杀之难作。脱易不自神曰弹威，其患贼夫酖毒之乱起。此五患者，人主之不知，则有劫杀之事。废置之事，生于内则治，生于外则乱。是以明主以功论之内，而以利资之外，故其国治而敌乱。即乱之道：臣憎，则起外若眩；臣爱，则起内若药。

起乱

四

参伍之道：行参以谋多，揆伍以责失。行参必折，揆伍必怒。不折则渎上，不怒则相和。折之微足以知多寡，怒之前不及其众。观听之势，其徵在比周而赏异也，诛毋谒而罪同。言会众端，必揆之以地，谋之以天，验之以物，参之以人。四徵者符，乃可以观矣。参言以知其诚，易视以改其泽，执见以得非常。一用以务近习，重言以惧远使。举往以悉其前，即迩以知其内，疏置以知其外。握明以问所暗，诡使以绝黩泄。倒言以尝所疑，论反以得阴奸。设谏以纲独为，举错以观奸动。明说以诱避过，卑适以观直谄。宣闻以通未见，作斗以散朋党。深一以警众心，泄异以易其虑。似类则合其参，陈过则明其固。知（赵用贤本“知”下有“罪”字）辟罪以止威，阴使时循以省衰（“衰”赵用贤本作“衷”）。渐更以离通比。下约以侵其上：相室，约其廷臣；廷臣，约其官属；兵士，约其军吏；遣使，约其行介；

县令,约其辟吏;郎中,约其左右;后姬,约其宫媛。此之谓条达之道。言通事泄,则术不行。

立道

五

明主,其务在周密。是以喜见则德偿,怒见则威分。故明主之言隔塞而不通,周密而不见。故以一得十者,下道也;以十得一者,上道也。明主兼行上下,故奸无所失。伍、官(陈奇猷曰"官"当为"间"之误)、连、县而邻,谒过赏,失过诛。上之于下,下之于上,亦然。是故上下贵贱相畏以法,相诲以和。民之性,有生之实,有生之名。为君者有贤知之名,有赏罚之实。名实俱至,故福善必闻矣。

参言

六

听不参,则无以责下;言不督乎用,则邪说当上。言之为物也以多信,不然之物,十人云疑,百人然乎,千人不可解也。呐者言之疑,辩者言之信。奸之食上也,取资乎众,籍信乎辩,而以类饰其私。人主不餍忿而待合参,其势资下也。有道之主听言,督其用,课其功,功课而赏罚生焉,故无用之辩不留朝。任事者知不足以治职,则放官收。说大而夸则穷端,故奸得而怒。无故而不当为诬,诬而罪臣。言必有报,说必责用也,故朋党之言不上闻。凡听之道,人臣忠论以闻奸,博论以内一,人主不智则奸得资。明主之道,己喜,则求其所纳;己怒,则察其所搆;论于已变之后,以得毁誉公私之徵。众谏以效智,使君自取一以避罪,故众之谏也败,君之取也。无副言于上以设将然,今符言于后以知谩诚语。明主之道,臣不得两谏,必任其一语;不得擅行,必合其参,故奸无道进矣。

听法

七

官之重也,毋法也;法之息也,上暗也。上暗无度,则官擅为;官擅为，故奉重无前；奉重无前，则徵多；徵多，故富。官之富重也，乱功之所生也。明主之道，取于任，贤于官，赏于功。言程，主喜，俱必利；不当，主怒，俱必害，则人不私父兄而进其仇雠。势足以行法，奉足以给事，而私无所生，故民劳苦而轻官。任事者毋重，使其宠必在爵；处官者毋私，使其利必在禄，故民尊爵而重禄。爵禄，所以赏也；民重所以赏也，则国治。刑之烦也，名之缪也，赏誉不当则民疑，民之重名与其重赏也均。赏者有诽焉，不足以劝；罚者有誉焉，不足以禁。明主之道，赏必出乎公利，名必在乎为上。赏誉同轨，非诛俱行。然则民无荣于赏之内。有重罚者必有恶名，故民畏。罚，所以禁也；民畏所以禁，则国治矣。

类柄

八

行义示则主威分，慈仁听则法制毁。民以制畏上，而上以势卑下，故下肆很触而荣于轻君之俗，则主威分。民以法难犯上，而上以法挠慈仁，故下明爱施而务赇纹之政，是以法令隳。尊私行以贰主威，行赇纹以疑法。听之则乱治，不听则谤主，故君轻乎位而法乱乎官，此之谓无常之国。明主之道，臣不得以行义成荣，不得以家利为功，功名所生，必出于官法。法之所外，虽有难行，不以显焉，故民无以私名。设法度以齐民，信赏罚以尽能，明诽誉以劝沮。名号、赏罚、法令三隅。故大臣有行则尊君，百姓有功则利上，此之谓有道之国也。

主威

第十九卷

五蠹第四十九

上古之世，人民少而禽兽众，人民不胜禽兽虫蛇。有圣人作，搆木为巢以避群害，而民悦之，使王天下，号之曰有巢氏。民食果蓏蚌蛤，腥臊恶臭而伤害腹胃，民多疾病。有圣人作，钻燧取火以化腥臊，而民说之，使王天下，号之曰燧人氏。中古之世，天下大水，而鲧、禹决渎。近古之世，桀、纣暴乱，而汤、武征伐。今有搆木钻燧于夏后氏之世者，必为鲧、禹笑矣；有决渎于殷、周之世者，必为汤、武笑矣。然则今有美尧、舜、汤、武、禹之道于当今之世者，必为新圣笑矣。是以圣人不期修古，不法常可，论世之事，因为之备。宋人有耕者，田中有株，兔走触株，折颈而死，因释其耒而守株，冀复得兔，兔不可复得，而身为宋国笑。今欲以先王之政，治当世之民，皆守株之类也。

古者，丈夫不耕，草木之实足食也；妇人不织，禽兽之皮足衣也。不事力而养足，人民少而财有馀，故民不争。是以厚赏不行，重罚不用，而民自治。今人有五子不为多，子又有五子，大父未死而有二十五孙。是以人民众而货财寡，事力劳而供养薄，故民争，虽倍赏累罚而不免于乱。

尧之王天下也，茅茨不剪，采椽不斫；粝粢之食，藜藿之羹；冬日麑裘，夏日葛衣；虽监门之服养，不亏于此矣。禹之王天下也，身执耒臿以为民先，股无胈，胫不生毛，虽臣虏之劳，不苦于此矣。以是言之，夫古之让天子者，是去监门之养，而离臣虏之劳也，古传天下而不足多也。今之县令，一日身死，子孙累世絜驾，故人重之。是以人之于让也，轻辞古之天子，难去今之县令者，薄厚之实异也。夫山居而谷汲者，媵腊而相遗以水；泽居苦水者，买庸而决窦。故饥岁之春，幼弟不饷；穰岁之秋，疏客必食。非疏骨肉、爱过客也，多少之心（"心"乾道本作"实"，王先慎据卢校与《太平御览》改，失当）异也。是以古之易财，非仁也，财多也；今之争夺，非鄙也，财寡也。轻辞天子，非高也，势薄也；重争土橐（王先慎曰"土"当作"士"，同"仕"），非下也，权重也。故圣人议多少、论薄厚为之政。故罚薄不为慈，诛严不为戾，称俗而行也。故事因于世，而备适于事。

古者，文王处丰、镐之间，地方百里，行仁义而怀西戎，遂王天下。徐偃王处汉东，地方五百里，行仁义，割地而朝者三十有六国。荆文王恐其害己也，举兵伐徐，遂灭之。故文王行仁义而王天下，偃王行仁义而丧其国，是仁义用于古而不用于今也。故曰：世异则事异。当舜之时，有苗不服，禹将伐之。舜曰："不可。上德不厚而行武，非道也。"乃修教三年，执干戚舞，有苗乃服。共工之战，铁铦短者及乎敌，铠甲不坚者伤乎体。是干戚用于古不用于今也。故曰：事异则备变。上古竞于道德，中世逐于智谋，当今争于气力。齐将攻鲁，鲁使子贡说之。齐人曰："子言非不辩也，吾所欲者土地也，非斯言所谓也。"遂举兵伐鲁，去门十里以为界。故偃王仁义而徐亡，子贡辩智而鲁削。以是言之，夫仁义辩智，非所以持国也。去偃王之仁，息子贡之智，循徐、鲁之力使敌万乘，则齐、荆之欲不得行于二国矣。

夫古今异俗，新故异备。如欲以宽缓之政，治急世之民，犹无辔策而御駻马，此不知之患也。今儒、墨皆称先王兼爱天下，则视民如父母。何以明其然也？曰："司寇行刑，君为之不举乐；闻死刑之报，君为流涕。"此所举先王也。夫以君臣为如父子则必治，推是言之，是无乱父子也。人之情性莫先于父母，父母皆见爱而未必治也，君虽厚爱，奚遽不乱？今先王之爱民，不过父母之爱子，子未必不乱也，则民奚遽治哉？且夫以法行刑，而君为之流涕，此以效仁，非以为治也。夫垂泣不欲刑者，仁也；然而不可不刑者，法也。先王胜其法，不听其泣，则仁之不可以为治亦明矣。

且民者固服于势，寡能怀于义。仲尼，天下圣人也，修行明道以游海内，海内说其仁、美其义而为服役者七十人。盖贵仁者寡，能义者难也。故以天下之大，而为服役者七十人，而仁义者一人。鲁哀公，下主也，南面君国，境内之民莫敢不臣。民者固服于势，势诚易以服人，故仲尼反为臣而哀公顾为君。仲尼非怀其义，服其势也。故以义则仲尼不服于哀公，乘势则哀公臣仲尼。今学者之说人主也，不乘必胜之势，而务行仁义则可以王，是求人主之必及仲尼，而以世之凡民皆如列徒，此必不得之数也。

今有不才之子，父母怒之弗为改，乡人谯之弗为动，师长教之弗为变。夫以父母之爱、乡人之行、师长之智，三美加焉，而终不动，其胫毛不改。州部之吏，操官兵，推公法，而求索奸人，然后恐惧，变其节，易其行矣。故父母之爱不足以教子，必待州部之严刑者，民固骄于爱、听于威矣。故十仞之城，楼季弗能逾者，峭也；千仞之山，跛牂易牧者，夷也。故明王峭其法而严其刑也。布帛寻常，庸人不释；铄金百溢，盗跖不掇。不必害，则不释寻常；必害手，则不掇百溢，故明主必其诛也。是以赏莫如厚而信，使民利之；罚莫如重而必，使民畏之；法莫如一而固，使民知之。故主施赏不迁，行诛无赦，誉辅其赏，毁随其罚，则贤、不肖俱尽其力矣。

今则不然。其（道藏本“其”上有“以”）有功也爵之，而卑其士官也；以其耕作也赏之，而少其家业也；以其不收也外之，而高其轻世也；以其犯禁也罪之，而多其有勇也。毁誉、赏罚之所加者，相与悖缪也，故法禁坏而民愈乱。今兄弟被侵，必攻者，廉也；知友被辱，随仇者，贞也。廉贞之行成，而君上之法犯矣。人主尊贞廉之行，而忘犯禁之罪，故民程于勇，而吏不能胜也。不事力而衣食，则谓之能；不战功而尊，则谓之贤。贤能之行成，而兵弱而地荒矣。人主说贤能之行，而忘兵弱地荒之祸，则私行立而公利灭矣。

儒以文乱法，侠以武犯禁，而人主兼礼之，此所以乱也。夫离法者罪，而诸先生以文学取；犯禁者诛，而群侠以私剑养。故法之所非，君之所取；吏之所诛，上之所养也。法、趣、上、下，四相反也，而无所定，虽有十黄帝，不能治也。故行仁义者非所誉，誉之则害功；工文学者非所用，用之则乱法。楚之有直躬，其父窃羊，而谒之吏。令尹曰："杀之！"以为直于君而曲于父，报而罪之。以是观之，夫君之直臣，父之暴子也。鲁人从君战，三战三北。仲尼问其故，对曰："吾有老父，身死，莫之养也。"仲尼以为孝，举而上之。以是观之，夫父之孝子，君之背臣也。故令尹诛而楚奸不上闻，仲尼赏而鲁民易降北。上下之利，若是其异也，而人主兼举匹夫之行，而求致社稷之福，必不几矣。

古者苍颉之作书也，自环者谓之"私"，背私谓之"公"。公私之相背也，乃苍颉固以知之矣。今以为同利者，不察之患也。然则为匹夫计者，莫如修行义而习文学。行义修则见信，见信则受事；文学习则为明师，为明师则显荣：此匹夫之美也。然则无功而受事，无爵而显荣，有政如此，则国必乱，主必危矣。故不相容之事，不两立也。斩敌者受赏，而高慈惠之行；拔城者受爵禄，而信廉（藤泽南岳引太田方曰"廉"当作"兼"）爱之说；坚甲厉兵以备难，而美荐绅之饰；富国以农，距敌恃卒，而贵文学之士；废敬上畏法之民，而养游侠私剑之属。举行如此，治强不可得也。国平养儒侠，难至用介士，所利非所用，所用非所利。是故服事者简其业，而游学者日众，是世之所以乱也。

且世之所谓贤者，贞信之行也；所谓智者，微妙之言也。微妙之言，上智之所难知也。今为众人法，而以上智之所难知，则民无从识之矣。故糟糠不饱者不务粱(“粱”《集解》误为“梁”,据乾道本改本)肉,短褐不完者不待文绣。夫治世之事,急者不得,则缓者非所务也。今所治之政,民间之事,夫妇所明知者不用,而慕上知之论,则其于治反矣。故微妙之言,非民务也。若夫贤良贞信之行者,必将贵不欺之士;贵不欺之士者,亦无不欺之术也。布衣相与交,无富厚以相利,无威势以相惧也,故求不欺之士。今人主处制人之势,有一国之厚,重赏严诛,得操其柄,以修明术之所烛,虽有田常、子罕之臣,不敢欺也,奚待于不欺之士?今贞信之士不盈于十,而境内之官以百数,必任贞信之士,则人不足官。人不足官,则治者寡而乱者众矣。故明主之道,一法而不求智,固术而不慕信,故法不败,而群官无奸诈矣。

今人主之于言也,说其辩而不求其当焉;其用于行也,美其声而不责其功焉。是以天下之众,其谈言者务为辩而不周于用,故举先王、言仁义者盈廷,而政不免于乱;行身者竞于为高而不合于功,故智士退处岩穴,归禄不受,而兵不免于弱。政不免于乱,此其故何也?民之所誉,上之所礼,乱国之术也。今境内之民皆言治,藏商、管之法者家有之,而国愈贫,言耕者众,执耒者寡也;境内皆言兵,藏孙、吴之书者家有之,而兵愈弱,言战者多,被甲者少也。故明主用其力,不听其言;赏其功,必禁无用。故民尽死力以从其上。夫耕之用力也劳,而民为之者,曰:可得以富也。战之为事也危,而民为之者,曰:可得以贵也。今修文学,习言谈,则无耕之劳而有富之实,无战之危而有贵之尊,则人孰不为也?是以百人事智而一人用力。事智者众,则法败;用力者寡,则国贫:此世之所以乱也。

故明主之国,无书简之文,以法为教;无先王之语,以吏为师;无私剑之捍,以斩首为勇。是境内之民,其言谈者必轨于法,动作者归之于功,为勇者尽之于军。是故无事则国富,有事则兵强,此之谓王资。既畜王资而承敌国之亹,超五帝、侔三王者,必此法也。

今则不然，士民纵恣于内，言谈者为势于外，外内称恶，以待强敌，不亦殆乎？故群臣之言外事者，非有分于从衡之党，则有仇雠之忠，而借力于国也。从者，合众弱以攻一强也；而衡者，事一强以攻众弱也：皆非所以持国也。今人臣之言衡者，皆曰："不事大，则遇敌受祸矣。"事大未必有实，则举图而委，效玺而请兵矣。献图则地削，效玺则名卑；地削则国削，名卑则政乱矣。事大为衡，未见其利也，而亡地乱政矣。人臣之言从者，皆曰："不救小而伐大，则失天下；失天下，则国危；国危而主卑。"救小未必有实，则起兵而敌大矣。救小未必能存，而交大未必不有疏，有疏则为强国制矣。出兵则军败，退守则城拔。救小为从，未见其利，而亡地败军矣。是故事强，则以外权士官于内；救小，则以内重求利于外。国利未立，封土厚禄至矣；主上虽卑，人臣尊矣；国地虽削，私家富矣。事成，则以权长重；事败，则以富退处。人主之听说于其臣，事未成则爵禄已尊矣；事败而弗诛，则游说之士，孰不为用矰缴之说而徼幸其后？故破国亡主以听言谈者之浮说。此其故何也？是人君不明乎公私之利，不察当否之言，而诛罚不必其后也。皆曰："外事，大可以王，小可以安。"夫王者，能攻人者也；而安，则不可攻也。强，则能攻人者也；治，则不可攻也。治强不可责于外，内政之有也。今不行法术于内，而事智于外，则不至于治强矣。

鄙谚曰："长袖善舞，多钱善贾。"此言多资之易为工也。故治强易为谋，弱乱难为计。故用于秦者十变而谋希失，用于燕者一变而计希得，非用于秦者必智，用于燕者必愚也，盖治乱之资异也。故周去秦为从，期年而举；卫离魏为衡，半岁而亡。是周灭于从，卫亡于衡也。使周、卫缓其从衡之计，而严其境内之治；明其法禁，必其赏罚；尽其地力以多其积，致其民死以坚其城守；天下得其地，则其利少；攻其国，则其伤大；万乘之国，莫敢自顿于坚城之下，而使强敌裁其弊也：此必不亡之术也。舍必不亡之术而道必灭之事，治国者之过也。智困于内而政乱于外(顾广圻曰“内”“外”当互易),则亡不可振也。

民之政计,皆就安利如辟危穷。今为之攻战,进则死于敌,退则死于诛,则危矣。弃私家之事而必汗马之劳,家困而上弗论,则穷矣。穷危之所在也,民安得勿避?故事私门而完解舍,解舍完则远战,远战则安。行货赂而袭当涂者则求得,求得则私安,私安则利之所在,安得勿就?是以公民少而私人众矣。

夫明王治国之政,使其商工游食之民少而名卑,以寡趣本务而趋末作。今世近习之请行,则官爵可买;官爵可买,则商工不卑也矣。奸财货贾得用于市,则商人不少矣。聚敛倍农而致尊过耕战之士,则耿介之士寡而高价之民多矣(李善注《文选·广绝交论》“耿介之士”引《韩子》作“耿介之士寡而商贾之人多”)。

是故乱国之俗:其学者,则称先王之道以籍仁义,盛容服而饰辩说,以疑当世之法,而贰人主之心。其言古者,为设诈称,借于外力,以成其私,而遗社稷之利。其带剑者,聚徒属,立节操,以显其名,而犯五官之禁。其患御者,积于私门,尽货赂,而用重人之谒,退汗马之劳。其商工之民,修治苦窳之器,聚弗靡之财,蓄积待时,而侔农夫之利。此五者,邦之蠹也。人主不除此五蠹之民,不养耿介之士,则海内虽有破亡之国、削灭之朝,亦勿怪矣。

显学第五十

世之显学,儒、墨也。儒之所至,孔丘也。墨之所至,墨翟也。自孔子之死也,有子张之儒,有子思之儒,有颜氏之儒,有孟氏之儒,有漆雕氏之儒,有仲良氏之儒,有孙氏之儒,有乐正氏之儒。自墨子之死也,有相里氏之墨,有相夫氏之墨,有邓陵氏之墨。故孔、墨之后,儒分为八,墨离为三,取舍相反不同,而皆自谓真孔、墨,孔、墨不可复生，将谁使定后世之学乎？孔子、墨子俱道尧、舜，而取舍不同，皆自谓真尧、舜，尧、舜不复生，将谁使定儒、墨之诚乎？殷、周七百馀岁，虞夏二千馀岁，而不能定儒、墨之真；今乃欲审尧、舜之道于三千岁之前，意者其不可必乎！无参验而必之者，愚也；弗能必而据之者，诬也。故明据先王，必定尧、舜者，非愚则诬也。愚诬之学，杂反之行，明主弗受也。

墨者之葬也，冬日冬服，夏日夏服，桐棺三寸，服丧三月，世主以为俭而礼之。儒者破家而葬，服丧三年，大毁扶杖，世主以为孝而礼之。夫是墨子之俭，将非孔子之侈也；是孔子之孝，将非墨子之戾也。今孝戾、侈俭俱在儒、墨，而上兼礼之。漆雕之议，不色挠，不目逃，行曲则违于臧获，行直则怒于诸侯，世主以为廉而礼之。宋荣子之议，设不斗争，取不随仇，不羞囹圄，见侮不辱，世主以为宽而礼之。夫是漆雕之廉，将非宋荣之恕也；是宋荣之宽，将非漆雕之暴也。今宽、廉、恕、暴俱在二子，人主兼而礼之。自愚诬之学、杂反之辞争，而人主俱听之，故海内之士，言无定术，行无常议。夫冰炭不同器而久，寒暑不兼时而至，杂反之学不两立而治。今兼听杂学缪行同异之辞，安得无乱乎？听行如此，其于治人又必然矣。

今世之学士语治者多曰："与贫穷地以实无资。"今夫与人相若也，无丰年旁入之利而独以完给者，非力则俭也。与人相若也，无饥馑、疾疢、祸罪之殃独以贫穷者，非侈则惰也。侈而惰者贫，而力而俭者富。今上徵敛于富人以布施于贫家，是夺力俭而与侈惰也，而欲索民之疾作而节用，不可得也。

今有人于此，义不入危城，不处军旅，不以天下大利易其胫一毛，世主必从而礼之，贵其智而高其行，以为轻物重生之士也。夫上所以陈良田大宅，设爵禄，所以易民死命也。今上尊贵轻物重生之士，而索民之出死而重殉上事，不可得也。藏书策，习谈论，聚徒役，服文学而议说，世主必从而礼之，曰："敬贤士，先王之道也。"夫吏之所税，耕者也；而上之所养，学士也。耕者则重税，学士则多赏，而索民之疾作而少言谈，不可得也。立节参民，执操不侵，怨言过于耳，必随之以剑，世主必从而礼之，以为自好之士。夫斩首之劳不赏，而家斗之勇尊显，而索民之疾战距敌而无私斗，不可得也。国平，则养儒、侠；难至，则用介士。所养者非所用，所用者非所养，此所以乱也。且夫人主于听学也，若是其言，宜布之官而用其身；若非其言，宜去其身而息其端。今以为是也，而弗布于官；以为非也，而不息其端。是而不用，非而不息，乱亡之道也。

澹台子羽，君子之容也，仲尼几而取之，与处久而行不称其貌。宰予之辞，雅而文也，仲尼几而取之，与处(赵用贤本“处”下有“久”字)而智不充其辩。故孔子曰：“以容取人乎，失之子羽；以言取人乎，失之宰予。”故以仲尼之智而有失实之声。今之新辩滥乎宰予，而世主之听眩乎仲尼，为悦其言，因任其身，则焉得无失乎？是以魏任孟卯之辩，而有华下之患；赵任马服之辩，而有长平之祸。此二者，任辩之失也。夫视锻锡而察青黄，区冶不能以必剑；水击鹄雁，陆断驹马，则臧获不疑钝利。发齿吻形容，伯乐不能以必马；授车就驾，而观其末涂，则臧获不疑驽良。观容服，听辞言，仲尼不能以必士；试之官职，课其功伐，则庸人不疑于愚智。故明主之吏，宰相必起于州部，猛将必发于卒伍。夫有功者必赏，则爵禄厚而愈劝；迁官袭级，则官职大而愈治。夫爵禄大而官职治，王之道也。

磐石千里，不可谓富；象人百万，不可谓强。石非不大，数非不众也，而不可谓富强者，磐不生粟，象人不可使距敌也。今商官技艺之士亦不垦而食，是地不垦，与磐石一贯也。儒、侠毋军劳，显而荣者，则民不使，与象人同事也。夫祸知(顾广圻曰当作“知祸”)磐石象人，而不知祸商官儒侠为不垦之地、不使之民，不知事类者也。

故敌国之君王，虽说吾义，吾弗入贡而臣；关内之侯，虽非吾行，吾必使执禽而朝。是故力多，则人朝；力寡，则朝于人。故明君务力。夫严家无悍虏，而慈母有败子。吾以此知威势之可以禁暴、而德厚之不足以止乱也。

夫圣人之治国，不恃人之为吾善也，而用其不得为非也。恃人之为吾善也，境内不什数；用人不得为非，一国可使齐。为治者用众而舍寡，故不务德而务法。夫必恃自直之箭，百世无矢；恃自圜之木，千世无轮矣。自直之箭，自圜之木，百世无有一，然而世皆乘车射禽者何也？隐栝之道用也。虽有不恃隐栝而有自直之箭、自圜之木，良工弗贵也。何则？乘者非一人，射者非一发也。不恃赏罚而恃自善之民，明主弗贵也。何则？国法不可失，而所治非一人也。故有术之君，不随适然之善，而行必然之道。

今或谓人曰："使子必智而寿。"则世必以为狂。夫智，性也；寿，命也。性命者，非所学于人也，而以人之所不能为说人，此世之所以谓之为狂也。谓之不能，然则是谕也。夫谕，性也。以仁义教人，是以智与寿说人也，有度之主弗受也。故善毛啬、西施之美，无益吾面；用脂泽粉黛，则倍其初。言先王之仁义，无益于治；明吾法度，必吾赏罚者，亦国之脂泽粉黛也。故明主急其助而缓其颂，故不道仁义。

今巫祝之祝人曰："使若千秋万岁。"千秋万岁之声聒耳，而一日之寿无徵于人，此人所以简巫祝也。今世儒者之说人主，不言今之所以为治，而语已治之功；不审官法之事，不察奸邪之情，而皆道上古之传誉、先王之成功。儒者饰辞曰："听吾言，则可以霸王。"此说者之巫祝，有度之主不受也。故明主举实事，去无用，不道仁义者故，不听学者之言。

今不知治者必曰："得民之心。"欲得民之心而可以为治，则是伊尹、管仲无所用也，将听民而已矣。民智之不可用，犹婴儿之心也。夫婴儿不剔首则腹痛，不揊痤则寖益。剔首、揊痤，必一人抱之，慈母治之，然犹啼呼不止，婴儿子不知犯其所小苦致其所大利也。今上急耕田垦草以厚民产也，而以上为酷；修刑重罚以为禁邪也，而以上为严；征赋钱粟以实仓库，且以救饥馑、备军旅也，而以上为贪；境内必知介而无私解，并力疾斗，所以禽虏也，而以上为暴。此四者，所以治安也，而民不知悦也。夫求圣通之士者，为民知之不足师用。昔禹决江浚河，而民聚瓦石；子产开亩树桑，郑人谤訾。禹利天下，子产存郑，皆以受谤，夫民智之不足用亦明矣。故举士而求贤智，为政而期适民，皆乱之端，未可与为治也。

第二十卷

忠孝第五十一

天下皆以孝悌忠顺之道为是也，而莫知察孝悌忠顺之道而审行之，是以天下乱；皆以尧、舜之道为是而法之，是以有弑君，有曲父。尧、舜、汤、武，或反君臣之义，乱后世之教者也。尧为人君而君其臣，舜为人臣而臣其君，汤、武为人臣而弑其主、刑其尸，而天下誉之，此天下所以至今不治者也。夫所谓明君者，能畜其臣者也；所谓贤臣者，能明法辟、治官职以戴其君者也。今尧自以为明而不能以畜舜，舜自以为贤而不能以戴尧，汤、武自以为义而弑其君长，此明君且常与、而贤臣且常取也。故至今为人子者有取其父之家，为人臣者有取其君之国者矣。父而让子，君而让臣，此非所以定位一教之道也。臣之所闻曰："臣事君，子事父，妻事夫。三者顺，则天下治；三者逆，则天下乱。"此天下之常道也，明王贤臣而弗易也，则人主虽不肖，臣不敢侵也。今夫上贤任智无常，逆道也，而天下常以为治，是故田氏夺吕氏于齐，戴氏夺子氏于宋。此皆贤且智也，岂愚且不肖乎？是废常上贤，则乱；舍法任智，则危。故曰：上法而不上贤。

记曰："舜见瞽瞍，其容造焉。孔子曰：'当是时也，危哉，天下岌岌！有道者，父固不得而子，君固不得而臣也。'"臣曰：孔子本未知孝悌忠顺之道也。然则有道者，进不得为臣主（王先慎曰当作"主臣"），退不得为父子耶？父之所以欲有贤子者，家贫则富之，父苦则乐之；君之所以欲有贤臣者，国乱则治之，主卑则尊之。今有贤子而不为父，则父之处家也苦；有贤臣而不为君，则君之处位也危。然则父有贤子，君有贤臣，适足以为害耳，岂得利焉哉？所谓忠臣，不危其君；孝子，不非其亲。今舜以贤取君之国，而汤、武以义放弑其君，此皆以贤而危主者也，而天下贤之。古之烈士，进不臣君，退不为家，是进则非其君，退则非其亲者也。且夫进不臣君，退不为家，乱世绝嗣之道也。是故贤尧、舜、汤、武而是烈士，天下之乱术也。瞽瞍为舜父而舜放之，象为舜弟而杀之。放父杀弟，不可谓仁；妻帝二女而取天下，不可谓义。仁义无有，不可谓明。《诗》云："普天之下，莫非王土；率土之滨，莫非王臣。"信若《诗》之言也，是舜出则臣其君，入则臣其父、妾其母、妻其主女也。故烈士内不为家，乱世绝嗣；而外矫于君，朽骨烂肉，施于土地，流于川谷，不避蹈水火。使天下从而效之，是天下遍死而愿夭也。此皆释世而不治是也。世之所为烈士者，虽（王渭曰"虽"当作"离"）众独行，取异于人，为恬淡之学而理恍惚之言。臣以为：恬淡，无用之教也；恍惚，无法之言也。言出于无法，教出于无用者，天下谓之察。臣以为：人生必事君养亲，事君养亲不可以恬淡。之人（陈奇猷曰"之人"当作"治人"）必以言论忠信法术，言论忠信法术不可以恍惚。恍惚之言，恬淡之学，天下之惑术也。孝子之事父也，非竞取父之家也；忠臣之事君也，非竞取君之国也。夫为人子而常誉他人之亲曰："某子之亲，夜寝早起，强力生财以养子孙臣妾。"是诽谤其亲者也。为人臣常誉先王之德厚而愿之，是诽谤其君者也。非其亲者知谓之不孝，而非其君者天下贤之，此所以乱也。故人臣毋称尧、舜之贤，毋誉汤、武之伐，毋言烈士之高，尽力守法，专心于事主者为忠臣。

古者黔首悗密蠢愚，故可以虚名取也。今民儇诇智慧，欲自用，不听上。上必且劝之以赏，然后可进；又且畏之以罚，然后不敢退。而世皆曰："许由让天下，赏不足以劝；盗跖犯刑赴难，罚不足以禁。"臣曰：未有天下而无以天下为者，许由是也；已有天下而无以天下为者，尧、舜是也。毁廉求财，犯刑趋利，忘身之死者，盗跖是也。此二者，殆物也。治国用民之道也，不以此二者为量。治也者，治常者也；道也者，道常者也。殆物妙言，治之害也。天下太平（顾广圻曰“平”当作“上”）之士，不可以赏劝也；天下太平（顾广圻曰“平”当作“下”）之士，不可以刑禁也。然为太上士不设赏，为太下士不设刑，则治国用民之道失矣。

故世人多不言国法而言从横。诸侯言从者曰：“从成必霸。”而言横者曰：“横成必王。”山东之言从横未尝一日而止也，然而功名不成、霸王不立者，虚言非所以成治也。王者独行谓之王，是以三王不务离合而止（“止”赵用贤本作“正”），五霸不待从横（赵用贤本“横”下有“而”字）察，治内以裁外而已矣。

人主第五十二

人主之所以身危国亡者，大臣太贵、左右太威也。所谓贵者，无法而擅行，操国柄而便私者也。所谓威者，擅权势而轻重者也。此二者，不可不察也。夫马之所以能任重引车致远道者，以筋力也。万乘之主、千乘之君所以制天下而征诸侯者，以其威势也。威势者，人主之筋力也。今大臣得威，左右擅势，是人主失力；人主失力而能有国者，千无一人。虎豹之所以能胜人、执百兽者，以其爪牙也，当使虎豹失其爪牙，则人必制之矣。今势重者，人主之爪牙也，君人而失其爪牙，虎豹之类也。宋君失其爪牙于子罕，简公失其爪牙于田常，而不蚤夺之，故身死国亡。今无术之主皆明知宋、简之过也，而不悟其失，不察其事类者也。

且法术之士，与当途之臣，不相容也。何以明之？主有术士，则大臣不得制断，近习不敢卖重；大臣、左右权势息，则人主之道明矣。今则不然，其当途之臣得势擅事以环其私，左右近习朋党比周以制疏远，则法术之士奚时得进用，人主奚时得论裁？故有术不必用，而势不两立,法术之士焉得无危?故君人者非能退大臣之议,而背左右之讼,独合乎道言也,则法术之士安能蒙死亡之危而进说乎?此世之所以不治也。明主者,推功而爵禄,称能而官事,所举者必有贤,所用者必有能,贤能之士进,则私门之请止矣。夫有功者受重禄,有能者处大官,则私剑之士安得无离于私勇而疾距敌,游宦之士焉得无挠于私门而务于清洁矣?此所以聚贤能之士,而散私门之属也。今近习者不必智,人主之于人也或有所知而听之,入因与近习论其言,听近习而不计其智,是与愚论智也。其当途者不必贤,人主之于人或有所贤而礼之,入因与当途者论其行,听其言而不用贤,是与不肖论贤也。故智者决策于愚人,贤士程行于不肖,则贤智之士奚时得用,而人主之明塞矣。昔关龙逢说桀而伤其四肢,王子比干谏纣而剖其心,子胥忠直夫差而诛于属镂。此三子者,为人臣非不忠,而说非不当也,然不免于死亡之患者,主不察贤智之言,而蔽于愚不肖之患也。今人主非肯用法术之士,听愚不肖之臣,则贤智之士孰敢当三子之危而进其智能者乎?此世之所以乱也。

饬令第五十三

饬令,则法不迁;法平,则吏无奸。法已定矣,不以善言售("售"《商君书·靳令》作"害")法。任功,则民少言,任善,则民多言。行法曲断,以五里断者王,以九里断者强,宿治者削。

以刑治,以赏战,厚禄以周("周"赵用贤本作"用")术。国无奸民,则都无奸市。物多末众,农弛奸胜,则国必削。民有馀食,使以粟出爵,必以其力,则震("震"《商君书·靳令》作"农")不怠。三寸之管毋当,不可满也。授官爵出利禄不以功,是无当也。国以功授官与爵,此谓以成智谋,以威勇战,其国无敌。国以功授官与爵,则治见者省、言有塞,此谓以治去治,以言去言,以功与爵者也。故国多力，而天下莫之能侵也。兵出必取，取必能有之；案兵不攻必当（“当”《商君书·靳令》作“富”）。朝廷之事，小者不毁，效功取官爵，廷虽有辟言，不得以相干也，是谓以数治。以力攻者，出一取十；以言攻者，出十丧百。国好力，此谓以难攻；国好言，此谓以易攻。

其能，胜其害，轻其任，而道坏馀力于心，莫负乘宫之责于君。内无伏怨，使明者不相干，故莫讼；使士不兼官，故技长；使人不同功，故莫争。言此谓易攻。

重刑少赏，上爱民，民死赏；多赏轻刑，上不爱民，民不死赏。利出一空者，其国无敌；利出二空者，其兵半用；利出十空者，民不守。重刑明民，大制使人，则上利。行刑，重其轻者，轻者不至，重者不来，此谓以刑去刑。罪重而刑轻，刑轻则事生，此谓以刑致刑，其国必削。

心度第五十四

圣人之治民，度于本，不从其欲，期于利民而已。故其与之刑，非所以恶民，爱之本也。刑胜而民静，赏繁而奸生。故治民者，刑胜，治之首也；赏繁，乱之本也。夫民之性，喜其乱而不亲其法。故明主之治国也，明赏，则民劝功；严刑，则民亲法。劝功，则公事不犯；亲法，则奸无所萌。故治民者，禁奸于未萌；而用兵者，服战于民心。禁，先其本者治；兵，战其心者胜。圣人之治民也，先治者强，先战者胜。夫国事务先而一民心，专举公而私不从，赏告而奸不生，明法而治不烦。能用四者强，不能用四者弱。夫国之所以强者，政也；主之所以尊者，权也。故明君有权有政，乱君亦有权有政，积而不同，其所以立异也。故明君操权而上重，一政而国治。故法者，王之者（“者”赵用贤本作“本”）也；刑者，爱之自也。

夫民之性，恶劳而乐佚。佚则荒，荒则不治，不治则乱，而赏刑不行于天下者必塞。故欲举大功而难致而力者,大功不可几而举也;欲治其法而难变其故者,民乱不可几而治也。故治民无常,唯治为法(王先谦曰当作"唯法为治")。法与时转则治,治与世宜则有功。故民朴,而禁之以名,则治;世知,维之以刑,则从。时移而治不易(王先谦曰"治不易"当作"法不易")者乱,能治(王先谦曰"治"字当衍)众而禁不变者削。故圣人之治民,治法与时移,而禁与能变。

能越力于地者富,能起力于敌者强,强不塞者王。故王道在所闻,在所塞,塞其奸者必王。故王术不恃外之不乱也,恃其不可乱也。恃外不乱而治立者削,恃其不可乱而行法者兴。故贤君之治国也,适于不乱之术。贵爵,则上重,故赏功爵任而邪无所关。好力者,其爵贵;爵贵,则上尊;上尊,则必王。国不事力而恃私学者,其爵贱;爵贱,则上卑;上卑者必削。故立国用民之道也,能闭外塞私而上自恃者,王可致也。

制分第五十五

夫凡国博君尊者,未尝非法重而可以至乎令行禁止于天下者也。是以君人者分爵制禄,则法必严以重之。夫国治则民安,事乱则邦危。法重者得人情,禁轻者失事实。且夫死力者,民之所有者也,情莫不出其死力以致其所欲;而好恶者,上之所制也,民者好利禄而恶刑罚。上掌好恶以御民力,事实不宜失矣;然而禁轻事失者,刑赏失也。其治民不秉法、为善也,如是,则是无法也。

故治乱之理,宜务分刑赏为急。治国者莫不有法,然而有存有亡;亡者,其制刑赏不分也。治国者,其刑赏莫不有分:有持异以为分,不可谓分;至于察君之分,独分也。是以其民重法而畏禁,愿毋抵罪而不敢胥赏。故曰:不待刑赏而民从事矣。

是故夫至治之国,善以止奸为务。是何也?其法通乎人情,关乎治理也。然则去微奸之(赵用贤本“之”下有“道”字)奈何？其务令之相规其情者也。则使相窥奈何？曰:盖里相坐而已。禁尚有连于己者,理不得(松皋圆于“得”下补“不”字)相窥,惟恐不得免。有奸心者不令得忘,窥者多也。如此,则慎己而窥彼,发奸之密。告过者免罪受赏,失奸者必诛连刑。如此,则奸类发矣。奸不容细,私告任坐使然也。

夫治法之至明者,任数不任人。是以有术之国,不用誉则毋过,境内必治,任数也。亡国使兵公行乎其地,而弗能圉禁者,任人而无数也。自攻者人也,攻人者数也。故有术之国,去言而任法。

凡畸功之循约者难知,过刑之于言者难见也,是以刑赏惑乎贰。所谓循约难知者,奸功也;臣过之难见者,失根也。循理不见虚功,度情诡乎奸根,则二者安得无两失也？是以虚士立名于内,而谈者为略于外,故愚、怯、勇、慧相连而以虚道属俗而容乎世。故其法不用,而刑罚不加乎僇人。如此,则刑赏安得不容其二？实故有所至,而理失其量,量之失,非法使然也,法定而任慧也。释法而任慧者,则受事者安得其务？务不与事相得,则法安得无失,而刑安得无烦？是以赏罚扰乱,邦道差误,刑赏之不分白也。

佚　文

明主之治国也，适其时事以致财物，论其税赋以均贫富，厚其爵禄以尽贤能，重其刑罚以禁奸邪；使民以力得富，以事致贵，以过受罪，以功置赏，而不望慈惠之赐。此帝王之政也。（王先慎曰《群书治要》卷40引。陈奇猷曰："此见《六反篇》，'置'作'致'，'望'作'念'。"）

解狐与邢伯柳为怨。赵简主问于解狐曰："孰可为上党守？"对曰："邢伯柳可。"简主曰："非子之雠乎？"对曰："臣闻忠臣之举贤也不避仇雠，其废不肖也不阿亲近。"简主曰："善。"遂以为守。邢伯柳闻之，乃见解狐，谢。解狐曰："举子，公也；怨子，私也。往矣！怨子如异日。"（王先慎曰《群书治要》卷40引。陈奇猷曰："此疑系《治要》据《外储说左下》'中牟无令'条、'解狐荐其雠'条、'解狐举邢伯柳'条改作。"）

师旷鼓琴，有玄鹤衔明月珠在庭中舞，失珠，旷掩口而笑。（王先慎曰《北堂书钞》卷109引。陈奇猷曰："此似即《十过篇》'师旷援琴而鼓，一奏之，有玄鹤二八，道南方来'云云之异文。"）

孙叔敖冬日黑裘，夏日葛衣。（王先慎曰《北堂书钞》卷129引。陈奇猷曰："此当系《外储说左下》'孙叔敖相楚，冬羔裘，夏葛衣'之异文。"）

孙叔敖相楚，粝饭菜羹，枯鱼之膳。（王先慎曰《北堂书钞》卷143引。陈奇猷曰："此见《外储说左下》'孙叔敖相楚'条中，'饭'作'饼'。"）

昔齐桓公入山，问父老："此为何谷？"答曰："臣旧畜牛生犊，以子买驹，少年谓牛不生驹，遂持而去，旁邻谓臣愚，遂名愚公谷。"（王先慎曰《艺文类聚》卷9引。事又见刘向《说苑》。陈奇猷曰："见《说苑·政理篇》。"）

势者，君之马也；威者，君之轮也。势固则舆安，威定则策劲，臣从则马良，民和则轮利。为国有失于此，覆舆奔马折策败轮矣。舆覆马奔，策折轮败，载者安得不危？（王先慎曰《艺文类聚》卷52引。陈奇猷曰："此当系《外储说右上》'国者君之车也，势者君之马也'云云之异文。"）

圣人立法，赏足以劝善，威足以胜暴，备足以必完。（王先慎曰《艺文类聚》卷 54 引。陈奇猷曰:“此见《守道篇》,‘赏’‘威’‘备’上均有‘其’字。”)

水激则悍,矢激则远。(王先慎曰《太平御览》卷 350 引。陈奇猷曰:“此二语见《吕氏春秋·去宥篇》《淮南子·地形训》《兵略训》《说苑·谈丛篇》。”)

楚王有白猿,王自射之,则搏矢而熙。使养由基射之,始调弓矫矢,未发,而猿拥树号矣。(王先慎曰此见《太平御览》卷 350 引。《事类赋》卷 13 注引同,“熙”字作“嬉戏”二字,无“始”字。)

天下有至贵而非势位也,有至富而非金玉也,有至寿而非千岁也。愿恕反性则贵矣,适情知足则富矣,明生死之分则寿矣。(王先慎曰《太平御览》卷 459 引。)

吴铎以声自毁,膏烛以明自铄。(王先慎曰《太平御览》卷 459 引。陈奇猷曰:“《淮南子·缪称训》有此二语。”觉按:“吴”字《集解》误为“木”,今据《太平御览》《淮南子》改正)

魏武侯浮西河而下,中流,谓吴起曰:“美哉!山河之固,魏国之宝也。”对曰:“在德不在险。昔三苗氏左洞庭而右彭蠡,德义不修,而禹灭之。夏桀之居,在河、济而右太华,伊阙在其南,羊肠在其北,修政不仁,汤放之。商纣之国,左孟门,右太行,常山在其北,大河经其南,修行不德,而武王灭之。王恃险而不修德,舟中之人尽敌国也。”武侯曰:“善。”(王先慎曰《太平御览》卷 459 引。陈奇猷曰:“见《说苑·贵德篇》。”)

舆人成舆则愿人富贵也,非舆人仁,不富不贵则舆不售也。(王先慎曰《太平御览》卷 472 引。陈奇猷曰:“见《备内篇》。”觉按:四“舆”字《集解》误为“与”,今据《太平御览》改正。“售”字,《太平御览》《集解》均误为“集”,今据《备内篇》改正。)

加脂粉则膜母进御,蒙不洁则西施弃野,学之为脂粉亦厚矣。(王先慎曰《太平御览》卷 607 引。陈奇猷曰:“韩非反对学,详《五蠹篇》《显学篇》,故此言学,与韩非思想不合。《显学篇》云:‘善毛啬、西施之美,无益吾面,用脂泽粉黛则倍其初;言先王之仁义,无益于治,明吾法度,必吾赏罚者,亦国之脂泽粉黛也。’疑《御览》即据此文改作。”)

势者,君之舆也;威者,君之策也;臣者,君之马也;民者,君之轮也。势固则舆安,威定则策劲,臣顺则马良,人和则轮利。而为国皆失此,有覆舆、走马、折策、败轮矣。(王先慎曰《太平御览》卷620引,与《艺文类聚》引文不合。陈奇猷曰:"此当系上'势者君之马'云云条之异文。")

为人君者犹壶也,民亦水也,壶方水方,壶圆水圆。(王先慎曰《外储说》"壶"作"盂",《太平御览》卷620引。陈奇猷曰:"此当即《外储说左上》之文,而《御览》改'盂'为'壶',非佚文也。")

孙叔敖相楚,衣羖羊裘。(王先慎曰《太平御览》卷694引。陈奇猷曰:"此二语当即《外储说左下》'孙叔敖相楚,冬羔裘'之异文。")

公仪休相鲁,其妻织布,休曰:"汝岂与世人争利哉?"遂燔其机。(王先慎曰《太平御览》卷820引。)

舜耕于历山,农者让畔;渔于河滨,渔者让泽。(王先慎曰《太平御览》卷424,又822引"历山农侵畔,舜往耕,其年,让畔。"觉按:此当系《御览》据《难一篇》"历山之农侵畔"云云改作。)

物有所宜,才有所施,各处其宜,故上下无为。(王先慎曰《意林》卷1引。陈奇猷曰:"此见《扬权篇》。")

爱人不得独利,待誉而後利之;憎人不得独害,待非而後害之。(王先慎曰《意林》卷1引。陈奇猷曰:"此见《三守篇》。")

不蔽人之美,不言人之恶。(王先慎曰《意林》卷1引。陈奇猷曰:"见《内储说上》'江乞为魏王使荆'节。"觉按:"江乞"今《集解》《集释》均已改为"江乙"。)

解其长剑,免其危冠。(陈奇猷曰:"《文选》左太冲《吴都赋》注、张景阳《七命》注引。")

六国时,张敏与高、惠二人为友,每相思,不能得见,敏便于梦中往寻,但行至半道,即迷不知路,遂回,如此者三。(陈奇猷曰:"《文选》沈休文《别范安成诗》注引。")

晏婴相齐,妻不衣帛,马不食粟。(陈奇猷曰:"《太平御览》689、《事类赋》12、《北堂书钞》129引。《事类赋》《书钞》'妻'并作'妾'。又案:此条当系《外储说左下》'孟献伯相鲁'节后之异闻。")

〔说 明〕

《汉书·艺文志》法家类著录"《韩子》五十五篇",与今本合,似无残缺。然唐、宋类书及注文所引《韩子》语，亦有不见于今本者。王先慎从唐、宋类书中辑出《韩子》语二十三条，收入《韩非子集解》，题为“佚文”，其实并非全为佚文，其中亦有见于今本者，陈奇猷《韩非子集释》对此有所甄别。今姑悉加抄录，以见《集解》之旧。《集解》之按语，今亦酌情辑入，且题以“王先慎曰”，所用版本为光绪丙申(1896 年)初刻本。为使读者了解王氏取舍之得失，今将《集释》之说明亦酌情辑入，题以“陈奇猷曰”，所用版本为中华书局 1958 年第 1 版。至于《集释》未及之处，则另作按语，冠以“觉按”二字以别之。此外，《集释》另增佚文三条，今亦附列焉。

张　觉